安徽省高校优秀青年人才支持计划项目（gxyq2018031）研究成果

英国东印度公司汉学家典籍英译研究

On the Translation of Chinese Classics by the British East India Company Sinologists

钱灵杰 著

中国科学技术大学出版社

内 容 简 介

英国东印度公司自17世纪初就与中国有着直接的商业往来，是海上丝绸之路研究中一个无法忽略的重要“篇章”。公司职员德庇时、马礼逊、小斯当东、汤姆斯等侨居中国期间，在开展汉学研究的同时将大量中国文化典籍译介到英语世界，题材涉及文学、宗教、法律、历史等诸多方面，加快了19世纪上半期中学西传的进程。本书对这一中国典籍英译史上的特殊群体开展专题个案研究，探讨上述汉学家典籍译作的文本评价与译者行为关系、典籍英译行为动机合理程度与译作质量关系、汉学家作为语言人与社会人的双重身份关系等问题，旨在客观评价这一汉学家群体在中国典籍英译史和中西文化交流史中的地位和作用。本研究有助于深化翻译史、中学西传史及海外汉学研究。

图书在版编目(CIP)数据

英国东印度公司汉学家典籍英译研究/钱灵杰著. —合肥：中国科学技术大学出版社，2020. 8
ISBN 978-7-312-04899-9

Ⅰ. 英…　Ⅱ. 钱…　Ⅲ. 古籍—中国—英语—翻译—研究　Ⅳ. H315. 9

中国版本图书馆CIP数据核字(2020)第033634号

出版　中国科学技术大学出版社
安徽省合肥市金寨路96号，230026
http://press. ustc. edu. cn
https://zgkxjsdxcbs. tmall. com
印刷　安徽省瑞隆印务有限公司
发行　中国科学技术大学出版社
经销　全国新华书店
开本　710 mm×1000 mm　1/16
印张　8
字数　135千
版次　2020年8月第1版
印次　2020年8月第1次印刷
定价　58.00元

前　言

英国东印度公司自17世纪初就与中国有着直接的商业往来，是海上丝绸之路研究中一个无法忽略的重要“篇章”。该公司在开展跨国贸易的同时，客观上部分承担了中西文化交流的使命。公司职员德庇时、马礼逊、小斯当东、汤姆斯等在为公司服务的同时，还从各自的兴趣出发开展汉学研究，从哲学、文学、艺术等方面有力助推了“中国风”的兴发，西方学者由此提出了“东印度公司汉学”的说法，将其视为英国汉学史的重要发展阶段。然而，长期以来，因其有着罪恶的殖民扩张及鸦片贸易史，由英国东印度公司催生而成的众多文化现象尚未引起国内学界的足够重视，对英国东印度公司与基于海上丝绸之路的中国文化西传的关系研究不够深入，对该公司汉学家侨居中国期间开展的大量典籍英译活动更是关注不多。

本书以学界既有成果为基础，以历史文化描述和翻译文本细读为主线，在“中学西传”的背景下对英国东印度公司汉学家典籍英译活动进行了专题研究。全书从翻译主体、翻译环境、翻译客体和翻译效果等方面，探讨了英国东印度公司汉学家典籍英译的动机、内容、特点以及对中西文化交流产生的影响，其主要内容如下：

第一章为绪论，重点评述与英国东印度公司汉学家翻译研究相关的文献，在此基础上提出本书的研究问题和总体设计，包括研究的目标和意义、思路与方法、基本观点、重点难点和主要内容等。第二章至第五章选取四位具有代表性的英国东印度公司汉学家进行个案研究：第二章为汉学家德庇时典籍英译研究，梳理德庇时的汉学成就，特别是侨居地翻译成就，将其译作分为小说、戏剧、诗歌三大类别，分别选取小说《十二楼》和《好逑传》译本、戏剧《汉宫秋》和《老生儿》译本、诗歌《汉文诗解》译本作为语料开展研究，重点关注德庇时外交官身份对其典籍英译策略的影响。第三章为汉学家马礼逊典籍英译研究，宏观上关注马礼逊身兼东印度公司职员与新教传教士双重身份与翻译动机之间的关系，微观上选取其英译的中国儒家作品《大学》和官府文件《京报》作为语料进行分析，得出译者多歧文化态度及思想演变轨迹对翻译的影响。第四章为汉学家小斯当东典籍英译研究，选取其《大清律例》英译本，分析侨居地译者翻译法律文本的动机、策略与影响；选取其《异域录》英译本，考察译者政治家身份与翻译选材、策略之关系。第五章为汉学家汤姆斯典籍英译研究，在介绍汤姆斯汉学成就的基础上，从译作生成、传播与译介策略角度，分类考察其选译的中国古代小说《三国演义》、《今古奇观》和叙事诗《花笺记》，分析典籍英译对汤姆斯由印刷工成长为汉学家的作用。第六章为结语，对英国东印度公司汉学家侨居地翻译的典型特征进行归纳，并分析澳门印刷所作为汉学家侨居地翻译赞助方所起到的推手作用。

英国东印度公司汉学家的典籍英译活动是海上丝绸之路文化交流的经典案例，他们身处侨居地从事中国典籍翻译活动是一种独特的翻译现象，本书一方面旨在引起学界对中国典籍英译史上这一特殊群体的关注，从而客观地认识他们在中国翻译史乃至中西文化交流史中的地位和作用，另一方面希望深化侨居地翻译研究，对当今中国文化外译有一定的启发作用和借鉴价值。

钱灵杰

2020 年 1 月

目　录

第一章 绪 论

在中英关系史上，作为带有官方性质的商业垄断机构，英国东印度公司自17世纪初就与中国有着商务联系与贸易往来，但由于缺乏翻译人才，在贸易交往和政治交涉中长期处于被动地位。为突破语言障碍、争取更多利益，该公司于1810年至1831年间共培养了19位汉语翻译人才，其中德庇时（John Francis Davis）、马礼逊（Robert Morrison）、小斯当东（George Thomas Staunton）、汤姆斯（Peter Perring Thoms）等在服务于该公司的同时，还从各自兴趣出发开展汉学研究，在哲学、文学、艺术等领域有力助推了"中国风"的兴发，成为英国早期汉学家的代表，西方学者也由此提出"东印度公司汉学"一说，将其视为英国汉学史的重要发展阶段。上述曾供职于英国东印度公司的汉学家均有侨居中国的经历，他们曾将大量中国文化典籍译介到英语世界，题材涉及文学、宗教、法律、历史等诸多方面。梳理英国东印度公司汉学家典籍英译的相关研究情况，有助于客观评价他们在近代中西文化交流中的地位与作用。

第一节 英国东印度公司汉学家典籍英译概述

在英国东印度公司汉学家中，最先向英语世界译介中国古代文学作品的当属德庇时。1815 年，德庇时翻译了清代李渔的白话短篇小说《三与楼》（《San-Yu-Low, or, the Three Dedicated Rooms》），英译本由东印度公司澳门印刷所刊印出版。1816 年，该译作又刊登在《亚洲杂志》伦敦版第一辑上，受到英国汉学界关注。1817 年，他的译作《老生儿》由伦敦约翰默里出版社出版。1822 年，该社又出版了德庇时的译作《中国小说集》（《Chinese Novels Translated from the Originals》），其中包括李渔白话短篇小说集《十二楼》中的三篇：《三与楼》《合影楼》和《夺锦楼》。此后，德庇时相继翻译了《贤文书》（《Hien Wun Shoo: Chinese Moral Maxims with a Free and Verbal Translation》，1823 年）、《汉宫秋》（1829 年）、《汉文诗解》（1829 年）、《好逑传》（1829 年）等。德庇时译作颇丰，他主要关注的是中国古代的文学作品，涉及小说、戏剧、诗歌三大文学领域，意在借助翻译通俗文学获取中国内情。德庇时的译作在欧洲产生了较大的影响，他也由此成为 19 世纪初向英国读者全面、系统地介绍中国古典文学的硕儒大家。

除了德庇时，向英语世界译介中国典籍的东印度公司汉学家还有小斯当东。1810 年，出于实用性考虑，他翻译了《大清律例》，成为中国法律典籍英译的开创者，该译本把忠实性放在首位，通过介绍中国当时的法律制度与思想，传播中国古代法律文化，满足了英国希望了解中国法律环境的愿望。小斯当东的译本是欧洲首部清廷法典译著，面世后受到西方世界的普遍关注，《爱丁堡评论》《折衷评论》《每月评论》《亚洲杂志》等都刊登了有关该译作的评论。不仅如此，两年后，在小斯当东英文译本的基础上，《大清律例》的法语版、意大利版迅速出版，由此可见该译本的重要性。1821 年，小斯当东还向英语读者译介了图里琛的边疆游记《异域录》，主要目的在于展现清政府的对外政策，满足英国社会认识中国的需要。由于《异域录》属于民族典籍，小斯当东的译介开创了少数民族典籍英译的先河。值得一提的是，小斯当东《异域录》英译本还包括四个附录，包括《玉娇梨》前 4 章的翻译、《元剧百种》里 4 种戏剧情节的摘要、《群芳谱》中对棉花的记载以及 40 份清朝邸报的英译文。小斯当东的中国典籍译作，涉及文学、戏曲、外交诸多方面，他的翻译工作为后续英国汉学研究奠定了基础。

马礼逊是英国东印度公司译介中国典籍的另一位重要汉学家。在译作《中国箴言：译自中国流行文学》中，马礼逊选译了中国古代儒学代表作《三字经》《孝经》《大学》，他还以《三教源流搜神大全》为原本，选译了有关佛教、道教的内容。马礼逊的译作篇幅不长，但却涉及儒、释、道三个方面，以此为切入点，向英语世界介绍了中国文化的诸多方面。为了满足英国人了解真实中国的愿望，马礼逊在翻译时追求原义的如实再现，是“第一个直译中国文化典籍的翻译家”①。此外，他在编纂《华英字典》(《A Dictionary of the Chinese Language》)的过程中，将汉语词条译成英文，向英语世界译介了中国宗教、历史、风俗、教育等诸多方面的内容，该字典堪称“一部有关中西文化交流的百科全书”②。

汉学家汤姆斯于 1820 年翻译了《今古奇观》中的故事“宋金郎团圆破毡笠”，在伦敦出版了单行本。1824，他又译介了“第八才子书”——《花笺记》，以中英对照的双语版形式刊印出版，这是中国文学作品中的长篇韵文首次直接译介到英语世界。由于译者本身对汉语语言文化理解不足，译本中错误不少，但汤姆斯的译本仍然成功捕捉了原作故事的浪漫情调。

除上述 4 位译员以外，就职于英国东印度公司的译员还有洪任辉、贝文、曼宁、郭士立、马儒翰、罗德里戈等，但他们在译介中国典籍方面的成果相对较少，学界鲜有研究成果问世。

第二节 研究现状述评

长期以来，学界对英国东印度公司的研究大多从殖民经济与政治等视角切

① 赵长江. 十九世纪中国文化典籍英译史[M]. 上海：上海外语教育出版社，2017：92.

② 谭树林.《华英字典》与中西文化交流[J]. 中华文化论坛，2003(1)：144.

入，对其在近代中英文化交流史上的作用鲜有提及。20 世纪 80 年代以前，英国东印度公司汉学家的典籍英译活动极少进入大陆学界的研究视野，中国台湾学者方豪[①]将小斯当东、马礼逊、德庇时等定位为英国早期汉学的代表人物，对他们翻译中国典籍、推动中英文化交流进行了客观评价。

20 世纪 80 年代末至今，国内外有关英国东印度公司汉学家典籍英译活动的研究成果陆续出现，多数研究成果侧重于个别梳理译员的生平著述。此类研究多通过整理史料，以某一汉学家为个案，简要介绍其译作及影响。以对马礼逊的相关研究为例，早在 1980 年，卞湘川、陈申如结合马礼逊来华背景及其与英国东印度公司的关系，分析了他在中西文化交流史中的作用[②]；顾卫星以“马礼逊与中西文化交流”为题进行了相关研究，肯定了马礼逊通过典籍英译及词典编纂为促进中国文化西传做出的努力[③]。相比之下，有关德庇时的研究成果问世较晚。北京图书馆王丽娜的论文《英国汉学家德庇时之中国古典文学译著与北图藏本》资料翔实，堪称德庇时译作梳理的力作[④]。其他相关成果散见于英国汉学研究专著及论文之中，熊文华[⑤]、何寅与许光华[⑥]、胡优静[⑦]均对小斯当东、马礼逊、德庇时等汉学家的翻译活动有所提及，但并未深入探讨他们的典籍英译作品。相关翻译史论著在谈到典籍英译时，也提到德庇时、汤姆斯的情况，如马祖毅、任荣珍的《汉籍外译史》[⑧]等。上述文献数量不少，开始关注英国东印度公司汉学家在中西文化交流史中的地位，为相关研究提供了较为丰富的史料。然而，这些成果多从史学、文献学或汉学研究角度出发，侧重搜集、考证有关汉学家生平著述的文献资料，个案研究缺乏对他们典籍英译活动的细致考察，宏观层面上对这一群体典籍英译活动的共性特征未能进行深入解读。

部分学者逐渐关注并具体分析英国东印度公司汉学家的翻译作品。此类研究多见于翻译学及比较文学论著之中。有关马礼逊典籍英译的研究，代表性

---

① 方豪. 方豪六十自定稿：下[M]. 台北：台湾学生书局，1969：1546-1547.

② 卞湘川，陈申如. 马礼逊与中西文化交流[J]. 史林，1988(2)：65-71.

③ 顾卫星. 马礼逊与中西文化交流[J]. 外国文学研究，2002(4)：116-120.

④ 王丽娜. 英国汉学家德庇时之中国古典文学译著与北图藏本[J]. 文献，1989(1)：266-275.

⑤ 熊文华. 英国的汉学研究[M]//阎纯德. 汉学研究：第五集. 北京：中华书局，2000：1-37.

⑥ 何寅，许光华. 国外汉学史[M]. 上海：上海外语教育出版社，2002.

⑦ 胡优静. 英国 19 世纪的汉学史研究[M]. 北京：学苑出版社，2009.

⑧ 马祖毅，任荣珍. 汉籍外译史[M]. 武汉：湖北教育出版社，1997：262.

成果如下：王辉、叶拉美[①]依据马礼逊《大学》英译本分析了其“直译”翻译策略折射出的儒经早期英译特色。屈文生以马礼逊编纂的双语词典《五车韵府》为对象，考查了词典中法律词语的英译，肯定了马礼逊在中国法律典籍早期英译中的重要作用[②]。王燕研究了马礼逊与《三国演义》早期海外传播的关系，并从整体上作出评价，认为马礼逊“有首倡之功而乏译介之力”[③]。有关马礼逊译介的中国佛、道典籍目前研究成果较少，有关《京报》等其他典籍英译作品的研究成果不多。

汉学家德庇时的中国古典文学英译作品自2003年日益受到学界重视，St. André James比较了《好逑传》的德庇时译本与帕西译本，均认为德庇时的译本更忠实于原著[④]。王燕、房燕对德庇时的诗歌译作《汉文诗解》进行了深入研究，分析了德庇时的中国诗歌观，并对该书的学术影响和价值作出了评价，认为它是“英国汉学史上第一部尝试着全面系统地译介中国古典诗歌的专著”[⑤]。此外，江岚分析了德庇时英译的杜甫诗歌[⑥]，赵长江解析了《红楼梦》第三回中《西江月》两首词的德庇时译本，认为该译本是“《红楼梦》诗词英译之发轫”[⑦]。总体上看，对德庇时的小说《十二楼》英译本、戏剧《汉宫秋》及《老生儿》英译本的关注仍然不够。

有关汉学家小斯当东的研究重点放在《大清律例》英译本上。侯毅[⑧]、赵长江[⑨]对小斯当东《大清律例》英译本的影响做了分析。游博清[⑩]从翻译史的角度，对小斯当东《异域录》英译本的出版过程、译文水平、内容等做了较为翔实的分析。

---

① 王辉，叶拉美.“直译”的政治：马礼逊《大学》译本析论[J].广东外语外贸大学学报，2008(3)：59-62.

② 屈文生.早期中文法律词语的英译研究：以马礼逊《五车韵府》为考察对象[J].历史研究，2010(5)：79-97.

③ 王燕.马礼逊与《三国演义》的早期海外传播[J].中国文化研究，2011(4)：206.

④ ANDRE J S. The development of British sinology and changes in translation practice[J]. Translation and Interpreting Studies，2007(2).

⑤ 王燕，房燕.《汉文诗解》与中国古典诗歌的早期海外传播[J].文艺理论研究，2012(3)：45.

⑥ 江岚.唐诗西传史论：以唐诗在英美的传播为中心[M].北京：学苑出版社，2009.

⑦ 赵长江.《红楼梦》诗词英译之发轫：德庇时英译《西江月》历时研究[J].红楼梦学刊，2012(3)：323.

⑧ 侯毅.欧洲人第一次完整翻译中国法律典籍的尝试：斯当东与《大清律例》的翻译[J].历史档案，2009(4)：97-104.

⑨ 赵长江.法律文本翻译的双重性：文化交流与信息泄漏　以1810年《大清律例》英译为例[J].民族翻译，2012(3)：21-28.

⑩ 游博清.认识中国：小斯当东与图理琛《异域录》的翻译[M]//王宏志.翻译史研究：2013.上海：复旦大学出版社，2013：38-58.

19世纪，英国人汤姆斯是英国汉学兴起阶段一位极其特殊的人物。他最初作为技术工人由英国东印度公司派遣至中国，于1814年创办东印度公司澳门印刷所，因其研制了世界上第一批中国铅合金活字而载入印刷出版史。学界长期以来对汤姆斯的关注多聚焦于其印刷工身份，仅有郑锦怀[①]、易永谊[②]等少数学者注意到他在中国文学翻译方面取得的成就，已有成果多以其《花笺记》《三国演义》英译本为研究对象，认为他是“第一个向西方读者介绍才子书的英国人”[③]，开创了中国文学英译史上的诸多先例，为推动中国文学在西方的传播作出了杰出的贡献。汤姆斯翻译的宋代金石学专著《宣和博古图》，目前尚未见到专门的研究。

整体上看，有关英国东印度公司汉学家典籍英译活动的研究不成体系，论述大多停留在史料搜集与译作罗列层面。就译者研究而言，缺乏对译者主体的深入分析，以译员为中心的纵向研究尚不多见；就译作研究而言，已有成果多以某部译作为坐标展开，研究对象仅集中在少数几部译作上，对译本的解读也有待深化。因此，对英国东印度公司汉学家典籍英译活动的研究有待进一步系统化与深化。

第三节　研究思路与方法

本书以既有成果为基础，通过全面掌握英国东印度公司汉学家典籍英译活动的时代环境，以历史文化描述和翻译文本细读为主线，在“中学西传”的背景下考察英国东印度公司汉学家典籍英译活动，做到微观与宏观相结合、历时与共时相结合、理论与实践相结合。

首先，在翻译环境研究层面，本书系统分析英国东印度公司汉学家从事宗教、法律、文学典籍英译活动的历史文化背景。本书加强实证性研究，注重系统

① 郑锦怀.彼得·佩林·汤姆斯:由印刷工而汉学家　以《中国求爱诗》为中心的考察[J].国际汉学,2015(4):133-141.

② 易永谊.野蛮的修辞:作为译者的汉学家汤姆斯[J].中国比较文学,2016(2):99-115.

③ 王燕.汤姆斯与《三国演义》的首次英译[J].文学遗产,2017(3):189.

搜集、考察有关英国东印度公司汉学家典籍英译活动的中英文史料、译员传记以及译作序跋等，以客观的历史文本资料描述这一译员群体的译介活动，进而分析影响该译员群体典籍英译活动的外部控制因素，包括英国东印度公司汉学家来华动因、典籍英译活动的社会操控因素以及意识形态操控因素。

其次，在翻译策略研究层面，本书综合考察中西交流史、文学史、翻译史，通过译本与原作的比较阅读，揭示英国东印度公司汉学家典籍英译活动的策略及特点。同时，本书结合译员主体构成、翻译动机进行分析，从文学典籍英译、法律典籍英译及宗教典籍英译等方面具体展开。本书注重文本分析与比较，将英国东印度公司汉学家的译作与原作及其他译本作比较，具体分析翻译活动的特点。

最后，在翻译效果研究层面，本书在掌握充足史料的基础上，以英国东印度公司汉学家典籍英译活动为切入点，探讨西方知识界与英国东印度公司汉学家典籍英译活动的各种接触，对该译员群体在中西文化交流史中的地位进行分析。本书不仅探讨西方知识界对英国东印度公司汉学家“中学西传”翻译活动的反应，更关注英国东印度公司汉学家在中西交流史中的地位。

第四节 研究意义与价值

相对于已有研究而言，本书专题探讨英国东印度公司汉学家典籍英译活动，具体意义与价值体现在如下两个方面：

首先，本书有助于客观评价这一汉学家群体在中西文化交流中的特殊地位，从而深化翻译史、中学西传史及海外汉学研究。本书跨学科、多角度地运用翻译学、历史学及文化传播学等相关方法，可以为典籍英译研究提供新的思路和视角。同时，本书从描写译学的视角出发，观察该译者群体的翻译事实，运用翻译规范理论、社会场域理论、译者惯习理论、译者主体性等解释译者的行为机制，借助“求真-务实译者行为评价模式”连续系统地对典籍译作进行评价，既能在理论层面深化对 19 世纪上半叶侨居地译者翻译行为的认识，也可以拓展翻译批评研究。

其次，本书从语言分析和跨文化阐释层面解读英国东印度公司汉学家的典籍英译作品，分析其典籍英译策略、方法与技巧，从而总结出该群体译者在中译外实践中的问题与不足、成绩与进展，汲取经验教训，为当前全球化语境下向英语世界传播中国文化提供一定的经验与启示，对中国文学的对外译介具有实践上的借鉴价值。

第二章　汉学家德庇时中国典籍英译研究

在中英文化交流史上，英国人德庇时(John Francis Davis)是一位举足轻重的人物，他18岁时便随父来华，后又在东印度公司广州商馆、英国驻华商务监督署等机构任要职，在华工作长达35年之久。德庇时的中文天赋极高，对中国文学与文化有着浓厚的兴趣，尤其在中国文学翻译方面以涉猎广泛、成果卓著而闻名于世，是19世纪向西方读者系统译介中国文学的大家，为推进中国文学在海外的传播起到了不可忽视的作用。

第一节　德庇时与中国古典小说英译

一、翻译规范制约下的《十二楼》英译

1822年，由伦敦默里出版社出版的《中国小说集》是德庇时的代表性译作，

其中选译了清代拟话本小说家李渔作品《十二楼》中的三篇，即《三与楼》《合影楼》和《夺锦楼》，译者也由此成为向英语世界译介李渔作品的第一人。德庇时对中国古典小说西传颇有贡献，是 19 世纪向英语世界译介中国文学的硕儒大家，值得进行专题研究。

20 世纪 80 年代以前，受政治因素影响，大陆学界对德庇时英译中国古典文学作品鲜有论述。自 20 世纪 80 年代末至今，国内外有关德庇时英译中国古典小说的研究成果有所增加，但多从汉学或史学研究角度，介绍德庇时中国古典小说译作及其影响[①]，肯定他为中国古典文学在英国传播作出的重要贡献[②]，重在突出他作为 19 世纪英国汉学三大代表人物之一的地位[③]，但因局限于勾勒史实，侧重搜集、考订有关德庇时生平著述的史料，故而缺乏对其译作的细致解读。目前，有关德庇时英译《中国小说集》的研究成果尚不多见，尚有待深化。文学翻译如同其他行为和活动一样，会受到种种约束[④]。作为“中学西传”主要途径的中国古典文学作品英译也是如此，德庇时英译《中国小说集》过程中的每个阶段同样受到一系列规范的制约。下文通过系统地收集、整理有关德庇时的史料、传记以及译作序跋，以文本分析与比较为基础，集中考查德庇时《中国小说集》英译活动各个阶段所遵循的翻译规范，以期深化德庇时翻译研究，同时借此寻找可能对典籍英译造成影响的外部因素，更好地指导典籍英译实践，推动中国文学走出去。

（一）预备规范与翻译题材的选择

译者在从事翻译活动前，总会思考“译什么”，即原文选择的问题。译者选择什么作品来翻译，在某一特定的语言、文化、时代里，有哪些系统的、有规律的因素决定译者的宏观选材，这些都是预备规范对译者影响的结果。翻译不是纯粹的语言转换活动，不同社会发展阶段对翻译有着不同的选择和需要。译者受所处环境及主流文化与意识形态的影响，会选择与当时翻译政策相符的作品译介，通常越符合译入语文化需要的译作越能得到译入语读者的关注与接受。德

---

① 王丽娜. 英国汉学家德庇时之中国古典文学译著与北图藏本[J]. 文献，1989(1)：266-275.

② 熊文华. 英国汉学史[M]. 北京：学苑出版社，2007：36.

③ 胡优静. 英国 19 世纪的汉学史研究[M]. 北京：学苑出版社，2009：14.

④ 陈德鸿，张南峰. 西方翻译理论精选[M]. 香港：香港城市大学出版社，2000：128.

庇时选择翻译李渔小说《十二楼》显然受到了预备规范的影响。

首先，英国殖民扩张的时代背景是影响德庇时选择译介《十二楼》的重要因素。自18世纪中叶起，英国的国家实力因工业革命遥遥领先于世界其他各国，获得了“世界工场”的称号并增强了其海上霸主的地位。在加紧殖民扩张的过程中，英国人意识到要拓展与中国的商业联系，就要尽可能了解有关这一古老国家的方方面面。在东印度公司供职的德庇时翻译《十二楼》同样也是出于增强两国商业联系的考虑[①]。他长期生活在中国，熟悉中国生活习惯及风土人情，对中国文学颇有研究，认为最有效地直接了解中国的方式就是翻译中国的通俗文学，主要是小说和戏剧[②]。《十二楼》中的故事“写社会之风俗”“赞美行之伦理”“描风情之艳情”[③]，题材涉及中国古代社会风俗、伦理教化及风情爱恋多方面，且情节新奇、富有创造性和想象力，为英国人了解中国提供了一幅生动画卷。从这一意义上看，德庇时关注《十二楼》并借其英译介绍中国国情的最终意图是服务英国在华贸易，其翻译动机不可避免地具有一定的殖民色彩。

其次，德庇时选译《十二楼》也是推动英国汉学发展的需要。自17世纪以来，英国汉学界对中国文学所做的研究取得的进展不大，自托马斯·海德以后，英国汉学研究者屈指可数。与法、德等国相比，英国人对中国及中国文学的了解较为落后。18世纪时，“当其他欧洲国家早已拥有了数十位优秀的专业汉学家的时候，英国本土还是一片沉寂”[④]，以致18世纪末英国使节马嘎尔尼筹划访华之时，“竟找不到一个略知汉语的英国人”[⑤]，1793年，该使团正式来京，与清政府的交往与联系“只能托付给两个曾在传道总会(罗马)接受训练的当地华籍司铎”[⑥]。英国汉学研究落后的窘迫状况引起了以德庇时为代表的英国有识之士的不满，正如他在《中国小说集》译本序言中所说：“在英国同胞们取得的知识进步中间，唯独与中华帝国有关的题目，也包括中国的文学，人们所取得的进步简直微不足道；与此同时，法国人差不多从一个世纪以来，就一直在勤勉并成功

---

① DAVIS J F. Chinese novels translated from the originals[M]. London: John Murray, 1822:2-3.

② DAVIS J F. Chinese novels translated from the originals[M]. London: John Murray, 1822:9.

③ 王增斌. 明清世态人情小说史稿[M]. 北京：中国文联出版公司，1998:253.

④ 李真. 英国早期汉学的“三大星座”：小记英国著名汉学家理雅各、德庇时和翟理斯[G]//北京外国语大学中国语言文学学院. 人文丛刊：第四辑. 北京：学苑出版社，2009.

⑤⑥ DAVIS J F. Chinese miscellanies: a collection of essays and notes[M]. London: John Murray, 1865:50.

地进行研究。”[①]无疑，德庇时试图通过译介中国文学作品缩短与其他欧洲国家之间在汉学研究方面的差距。

再次，德庇时的家庭背景和工作环境也影响了他的翻译选材。德庇时于1795年出生于伦敦，父亲为英国东印度公司广东商馆董事，家庭中东方文化氛围浓厚，德庇时受家庭环境影响，自幼对中国文化充满兴趣。1813年在英国赫特福德学院完成学业后，他便进入东印度公司广东商馆工作，担任文书，同时师从同在东印度公司任职的马礼逊，苦攻汉语，英汉双语俱佳。1815年，20岁的德庇时就将清代李渔话本小说集《十二楼》中的《三与楼》译为英文，由东印度公司出版部出版发行。1816年，该译作又刊载于《亚洲杂志》，引起英国汉学界注目。据东印度公司档案记载，1817年德庇时被授予“译员”称号。在华期间，他利用自身语言优势，系统研究了中国历史及现状，成为英国早期外交官汉学家的代表。由此可见，德庇时1822年选择翻译中国古典小说《十二楼》不是偶然的，与他自身成长、工作所处的环境不无关系。德庇时选择翻译《十二楼》不仅受自身所处环境与时代发展要求的影响，更是综合考虑英国读者阅读需要的结果。德庇时遵循预备规范，为《中国小说集》译本在英语世界的成功传播打下了基础。

（二）起始规范与翻译策略的确定

翻译选材受预备规范的影响，而译者翻译策略的总体确定则受到起始规范的制约。译者可以选择遵循原文（源语文化）或译文（译语文化）的规范。若以原文为依归，遵守原文语篇关系和规范，那么译文则是充分的翻译；若以译文为依归，遵守译语及译语文学系统，译文则是可接受的翻译[②]。译者在上述两种规范中做出选择的过程就是确定整体翻译策略的过程。译者选择何种起始规范，取决于翻译文学在译入语文学系统中的地位。如翻译文学处于中心地位，译者通常不受读者阅读习惯的束缚，会追求以原文为依归的初始规范；如翻译文学处于边缘地位，译者则更多考虑读者的阅读需求，会选取以译语为依归的初始规范。德庇时英译《中国小说集》时，翻译文学在英国文学多元系统中所处

---

① DAVIS J F. Chinese novels translated from the originals[M]. London: John Murray, 1822:1-2.

② TOURY G. Descriptive translation studies and beyond[M]. Amsterdam: John Benjamins Publishing Company, 1996:57.

的位置与当时社会历史背景有着密切的关系。

1793年，马嘎尔尼率领英国使团来到中国，在热河觐见清朝乾隆皇帝，梦想为经济迅速发展的英国打开一个疆域广大、人口众多的市场[①]，但中国拒绝了英国的一切外交要求，并在是否给中国皇帝叩头的问题上与英国发生冲突。中国认为所有番邦朝贡、觐见天朝皇帝都必须行三跪九叩之礼，英国来使亦不可例外。马嘎尔尼使团意识到一旦向乾隆行磕头之礼，就意味着承认英国是中国的藩属，因此事有关国体，英国使团坚决不行磕头之礼，马嘎尔尼使团访华之行以失败告终，有关中国各种真实情况的报道改变了中国在英国的形象。此前200年来，耶稣会士笔下的中国是“一种优越的典范性的文明”“一个富强公正、理想的国家”[②]，马嘎尔尼使团访华失败让英国人发现，他们曾经万分敬仰的中国人，其实“并不值得仰慕”[③]。

1816年，出于对加速殖民扩张的考虑，英国再次派阿美士德使团访华，德庇时因汉语娴熟，随团任汉文正使（正翻译官）。当时的英国正试图打开中国紧锁的大门，为在华英国商人争取更有利的经商环境及生活条件，但中英双方同样在是否向清朝嘉庆皇帝行叩头礼的问题上出现分歧，该使团未能谒见嘉庆帝即被遣回，当时的中国人病态、自大的形象在英国已经根深蒂固。经验论的哲学传统以及清高孤傲的民族性格使得英国文人对中国文化的热情普遍下降，认为中国并非真正像人们声称的那样奇妙无比[④]。随着19世纪初中国形象在英语世界的转变，英国人逐渐意识到中国文化不再具有优越性，他们不愿意英国本土文学在文风上受到中国文学作品的影响，主张中国文学翻译应采取“英语化的方式”[⑤]，避免中国词语直译到英语当中而影响英语写作。通过埃文·佐哈尔的多元系统理论[⑥]可以判断，作为翻译文学的中国文学作品在当时英国文学多元系统中只可能处于边缘位置。这就决定了德庇时在19世纪20年代英译《中国小说集》时必须采用译语的语言和文学系统规范，更多考虑译本能否为

① 葛桂录.他者的眼光:中英文学关系论稿[M].银川:宁夏人民教育出版社,2003:274.

② 周宁.永远的乌托邦:西方的中国形象[M].武汉:湖北教育出版社,2000:117.

③ 周宁.永远的乌托邦:西方的中国形象[M].武汉:湖北教育出版社,2000:152.

④ 葛桂录.他者的眼光:中英文学关系论稿[M].银川:宁夏人民教育出版社,2003:273.

⑤ ANDRE J S. The development of british sinology and changes in translation practice[J]. Translation and Interpreting Studies, 2007(2):24.

⑥ EVEN-ZOHAR I. The position of translated literature within the literary polysystem[J]. Poetics Today, 1990 (1):45-51.

译语读者接受。为此，德庇时在《中国小说集》英译中主要采取了归化的翻译策略，译文采用明白、流畅的风格，把译文的异质性成分减少到最小，以使英语读者对外来文本的陌生感降到最低的程度。其中以德庇时对中国文化特色词语的翻译最为典型。这些重要的语言构件虽然承载并反映了中国文化，但译者若采取异化的翻译策略将源语中的文化因素如实保留，则很难让译文读者理解。以德庇时对《合影楼》中"螟蛉之女"①一词的处理为例，该词最早见于《诗经·小雅·小宛》一文，文中写道，"螟蛉有子，蜾蠃负之"。古人误以为蜾蠃有雄无雌，无法进行交配生产，没有后代而捕捉螟蛉作义子喂养。据此，后人将被人收养的义女称为螟蛉之女。德庇时在翻译这一词语时，充分考虑了起始规范，他向译语读者靠拢，采取读者习惯的表达方式传递源语文化负载词的内容，删繁就简，将其译为"an adopted daughter(养女)"②，不仅有助于读者对故事情节的把握，也不会影响译文的流畅性，顺应了目的语的规范和读者的审美旨趣。

（三）操作规范与翻译方法的运用

起始规范从宏观上制约了译者选择翻译策略，而操作规范则指导译者在实际翻译过程中所做的各种具体决定。操作规范有两类：一是矩阵规范，影响着语言材料特别是较大语言单位如何在文本中分布，很大程度上决定是否要用译语的语言材料代替相应的原文材料，与译文的完整性相关，包括段落的删节或重置、原文的分割以及段落和脚注的增加③；二是文本规范，涉及文本结构和文本语言形成，制约着译文语言素材的选择，如词项、短语及文体特征等④。仔细分析德庇时《中国小说集》英译本，可以看出上述两类操作规范均影响译文选词以及句式和篇章结构，具体体现在译者所采用的翻译方法上。

首先，德庇时译本中存在大量的删减现象，其中最为典型的是原作中回目的删减。回目是小说情节的主要标记，李渔《十二楼》小说中的回目为七言或八言，依据正话的故事确定，内容醒目，易吸引读者注意，是其作品的主要体制特

---

① 李渔. 十二楼[M]. 上海：上海古籍出版社，1986：9.

② DAVIS J F. Chinese novels translated from the originals[M]. London: John Murray, 1822: 73.

③ TOURY G. Descriptive translation studies and beyond[M]. Amsterdam: John Benjamins Publishing Company, 1996: 58.

④ TOURY G. Descriptive translation studies and beyond[M]. Amsterdam: John Benjamins Publishing Company, 1996: 59.

点之一。对中国古典小说标志性的回目，译者不但没有保留，反而全部删去，在译文中以 section 的形式将各回加以区分，以西方小说章回体结构加以替代，使译作更符合西方小说的章节特点，为中国话本小说披上了西式的外衣。除此以外，李渔《十二楼》每篇都以诗词开头，或是引出作者议论，或是借此抒情言志，开头诗文引经据典，作者入话更是幽默睿智，但译者却略去了篇首、入话这些中国古典小说特有的形式特征。以德庇时英译《三与楼》为例，他曾在译者注中指出，翻译时他删去了原作故事开始前“冗长的介绍”，只从故事“真正开始的地方”讲述。德庇时还在译本注释中特意将《三与楼》称之为“故事(tale)”，并强调它“几乎不能被称之为小说(novel)”[①]，可见译者大量的删节行为与他关注原作本身情节内容，重视作品的信息传递与道德教化作用，而忽略作品独有艺术形式及文学价值的考量有着直接关联。

然而，德庇时英译《十二楼》并非对原作一味删减，相反，为了让异域读者了解中国社会风俗、更好地服务英国人从事英中贸易，译者还以西方文化为参照，采用“深度翻译”的方法，针对原作中英国读者所不了解的信息以脚注的形式做了大量补充性说明，涉及中国俗语、婚俗、宗教、家庭、地理等诸多方面。例如，李渔在《合影楼》中引用中国俗语评论道：“俗话讲得好：说不出的，才是真古。挠不着的，才是真痛。”[②]对此，德庇时首先将语句意思如实传递：“It is very truly said, that ‘there is no grief like the grief that does not speak: there is no pain like that which seeks no relief.’”[③]不仅如此，受翻译文学处于边缘地位的制约，他还以脚注形式引用英国读者家喻户晓的莎士比亚《麦克白》中的名言“The grief that does not speak whispers the o'er fraught heart, and bids it break.”[④](无言的哀痛是会向那不堪重压的心低声耳语，叫它裂成片片的)，为信息交流提供了便利，使得英语读者更容易理解译文。德庇时利用西方名言阐释、比附中国俗语，运用反向格义策略达到“以西释中”的目的，极大地增强了译作的可接受性。

除了为适应规范做必要的增删外，德庇时英译《中国小说集》中还对原作进行了大量的改写。《三与楼》中的主人公虞素臣嗜好古玩、诗歌与园林，醉心于辟园造楼，他理想的境界是“与天为徒”，却因财力不济而让楼与人。虞素臣本

---

① DAVIS J F. Chinese novels translated from the originals[M]. London: John Murray, 1822:154.

② 李渔. 十二楼[M]. 上海：上海古籍出版社，1986：14.

③④ DAVIS J F. Chinese novels translated from the originals[M]. London: John Murray, 1822:83.

是一名高士，他奉行庄子的出世哲学，但在德庇时笔下主人公的出世哲学却被解读为宗教静修，他成了愿意“献身与上帝”(Dedicated to Heaven)的基督教徒，而他实现“与天为徒”精神境界的场所也由三与楼变成了基督教的天堂。李渔小说重视教化的作用，《十二楼》小说情节的安排也以中国古代道德伦常为准则。其中《合影楼》虚托元朝，描述了珍生、玉娟一对姨表兄妹互生情愫但遭家庭反对，最后私订终生并在路公帮助下喜结良缘的经过。作品意在“歌颂男女之间的纯真爱情，讽刺假道学家的丑恶，鞭打禁欲主义”[①]。然而为了增强作品的艺术表现力，该作品虽在某些场合刻意强调男女授受不亲，但其中不乏才子佳人小说中常出现的男女幽会欢合场面，如作者描写珍生越过高墙与玉娟私会时写道：“只为珍生蓄了偷香之念，乘他未至，预先赴水过来，藏在隐蔽之处，等他一到，就钻出来下手。”[②]面对这一稍显淫邪的描绘，德庇时将其改写为：“Chin-seng, being determined upon a meeting, had seized the opportunity of her non-arrival to get across the river, and hid himself in a nook, from whence, as soon as she came, he could sally out.”[③]其中，“蓄了偷香之念”并未如实译出，译者有意识误译，做了弱化处理，译为“being determined upon a meeting(下定决心来会面)”，这种改写不仅不会为中西文化沟通交流造成障碍，不致使译语读者对作品主题产生误解，而且完成了向英国读者介绍中国的道德规矩的主要任务。

德庇时在《中国小说集》翻译过程的各个阶段都受到翻译规范的制约与影响。在宏观选材上，他选择李渔小说《十二楼》为原本，是预备规范一系列因素作用的结果，其翻译选材不仅与自身成长经历密切相关，更与19世纪初英国殖民扩张、发展对外贸易的历史背景有着直接联系，背后还有借此推动英国汉学发展的意图；在翻译策略的确定上，德庇时力求增强译文的可接受性，这是由当时翻译文学在英国文学多元系统中的边缘位置决定的，他从译语规范出发，采用归化策略传递原文信息，则是顺应起始规范的体现；在具体翻译方法的运用上，德庇时的译文对原作有增、有删、有改，是在操作层面上遵循规范的具体体现。德庇时《中国小说集》英译本在英国乃至整个欧洲都产生了很大影响，德

① 刘俐俐. 传统文化的智慧与我国白话小说的叙事艺术：以李渔《合影楼》为例[J]. 南开学报(哲学社会科学版)，2010(5)：73-79.

② 李渔. 十二楼[M]. 上海：上海古籍出版社，1986：8-9.

③ DAVIS J F. Chinese novels translated from the originals[M]. London: John Murray, 1822: 66.

国、法国译本均由该英译本转译而成。可见,成功的典籍英译并非完全是语言层面的对应,在某种程度上是译者主动适应翻译规范的结果。中国文学作品"走出去"需要译者在选材上适应社会和时代的需要,在翻译策略的制定及对原作情节的具体翻译操作上符合目的语社会的文化、语言规范。

二、《好逑传》英译中的受众意识

向英语世界译介中国古典文学精品,是一项重要的翻译活动,既有助于将中国历史文化介绍给世界,让世界深入了解中国,也可以推动中西文化对等交流,实现世界文化的有效融合。随着全球化进程的加快以及中国经济实力、国际地位的提升,典籍英译"走出去"的迫切性日益凸显。国内翻译研究领域的大批学者和翻译家都在积极提倡并从事中国古典文学作品英译工作,将大量中国古典名著译介到英语世界,旨在增强中华文明与异域文明之间的相互解读与辨识,促进中华民族与其他民族之间的对话与交融。尽管译界对典籍英译的重要意义已经取得共识,但在如何推动中国古典文学作品"走出去"的问题上,仍存在认识上的分歧。

部分翻译研究者从语言文字转换的层面思考阻碍中国文学"走出去"的障碍,将译作质量视为制约典籍英译海外传播效果的唯一瓶颈,认为"只要我们编得好,译得好,市场肯定不成问题,前景一定无比灿烂"①。其实就语言水平而言,国内许多翻译家并不输于外国同行。以杨宪益、戴乃迭夫妇合作翻译的《红楼梦》为例,该译本质量当属一流,国内学界对其也极为推崇。然而,无论是从译本的版次、印次还是图书馆的借阅人次数来看,杨译《红楼梦》在英语世界的流传、接受以及产生的影响都远不如英国翻译家霍克斯、闵福德的译本,尽管有研究者曾从霍译本里发现不少误译的地方。② 可见,文学典籍能否成功"走出去",翻译质量高低固然有着重要影响,但还有许多其他因素制约了译介效果。正如谢天振所说:"译得好(这里主要指译得正确),并不见得就一定会有市场。"③决定译作市场的主体是受众,中国典籍翻译出版"走出去"之所以步伐艰

① 胡志挥.谁来向国外译介中国作品:为我国对外英语编译水平一辩[N].中华读书报,2003-01-29(23).

②③ 谢天振.谁来向世界译介中国文学和中国文化?[J].文景,2005(5):20.

难，关键原因在于对“向谁传播”的问题认识不清。中国古典文学译作只有获得英语世界受众的认同，才能真正有效地“走出去”。本书借助传播学中相关“受众”理论，分析中国古典文学作品英译中受众意识的作用，旨在从新的视角对中国文学“走出去”的途径进行深入思考并提供相关启示。

（一）受众意识与中国古典文学作品英译

从本质上看，典籍翻译是一种跨文化、跨语际的信息传播，而影响传播过程的要素之一就是受众。受众又称受传者、接受者，是接受信息的人，它既包括大众传播中的信息接受群体，又包括小范围信息交流中的个体[①]。受众是典籍英译这一传播活动两极中的一极，作为信息产品即译作的消费者，他们会对典籍英译作品作出回应、提供反馈。反馈结果与传播效果之间有着密切关系，是以出版机构、译者为代表的媒介与传播者必须认真对待的信息。进行受众分析、获得受众认同是传播活动能否有效的关键。

中国古典文学作品的英译者在分析受众时，必须首先考虑受众类型。大众传播的受众成千上万、形形色色，个性特征千差万别，目的要求也不尽相同。在文学典籍英译这一传播过程中，受众的构成特征同样也具有复杂性。根据国外读者的社会结构和认知结构，可将文学典籍英译作品的受众大致分为两类：一类是专门型受众，主要包括汉学家、学者教师及汉语学习研究者；另一类则是一般型受众，即有一定文化程度的非专业性读者。专门型受众阅读中国古典文学作品主要出于学术研究目的，此类受众虽然覆盖面不大，但因有着共同的兴趣爱好和相同的接受倾向，故而参与信息传播的目的性较强，只关心与自身研究领域相关的专业性问题内容[②]。专门型受众有着较高的专业化要求，以他们为对象译介中国古典文学作品，是扩大中华文化影响力的有效途径。一般型受众阅读典籍译本的目的性不明确，他们的阅读动机不外乎以下两点：一是读者对中国这一历史悠久的东方大国有着强烈了解的欲望，出于求新、求奇的心理，他们希望通过阅读中国典籍英译本达到获取新知、认识中国的目的；二是读者把阅读中国典籍英译本作为消遣、娱乐的主要方式之一，他们希望通过阅读、欣赏

① 邵培仁. 传播学[M]. 北京：高等教育出版社，2000：196.

② 李正良. 传播学原理[M]. 北京：中国传媒大学出版社，2006：111.

中国古典文学作品，获得精神上的放松和享受。随着海外汉语热的持续升温以及孔子学院在世界各地的广泛建立，一般型受众数量迅速增加，成为文学典籍英译最主要的受众对象。

译者进行受众分析，就是要回答“为谁翻译”的问题。分析受众类型有助于译者了解受众的接受动机，而这又会对译者的翻译动机以及具体翻译策略产生重要的影响。19 世纪英国著名汉学家德庇时是向英语世界译介中国文学的硕儒大家，为中国古典文学在英国的传播作出过重要贡献，其《好逑传》英译本为该小说影响较大的全译本之一。下面以德庇时《好逑传》英译本为例，结合译者所处社会历史文化环境，通过文本细读，具体考查受众意识在德庇时英译中国古典文学作品中的作用。

（二）受众意识与德庇时的翻译动机

文学典籍英译作为一种跨文化行为，有着很强的目的性[①]，必然涉及翻译动机，即“为何而译”的问题。翻译活动能否取得成功，在很大程度上取决于译者是否从受众角度对这一问题进行思考。译者进行受众分析的对象以预期受众为主，在翻译活动之前预先假想译作的接受者，这些假想读者最先参与了译作的预构与创作，在虚设的国度里完成了与译者的对话与交流，其对译者的影响同原作一起融入到译作的复杂构成之中。德庇时选择翻译《好逑传》的动机本身就受到了受众因素的左右。

德庇时 1815 年翻译《三与楼》后又陆续翻译出版了《老生儿》(1817 年)、《中国小说集》(1822 年，主要包括清代李渔的小说《合影楼》《夺锦楼》和《三与楼》)、《中国格言集》(1823 年)、《汉宫秋》(1829 年)、《好逑传》(1829 年)及《汉文诗解》(1829 年)等中国古典文学作品。显然，英语世界特别是译者所在国英国的读者是德庇时预期的目标受众。1829 年，德庇时翻译《好逑传》之时，英国汉学仍处于传教士汉学阶段(18 世纪末至第一次鸦片战争前)[②]，尚未发展到专业汉学阶段，故而以汉学家、学者型教师及汉语学习研究者为主的专业型受众并未成为德庇时译作目标受众的主体，其译作的预期读者主要还是一般型受

① 许钧. 翻译概论[M]. 北京：外语教学与研究出版社，2009：149.

② 陈友冰. 英国汉学的阶段性特征及成因探析：以中国古典文学研究为中心[J]. 汉学研究通讯，2008(3)：33-47.

众。针对后者把阅读中国文学作品作为了解中国以及自我消遣、娱乐方式的特点，德庇时翻译《好逑传》主要出于以下两种动机：

一是将《好逑传》所描写的真实故事情节传递给目标受众，为受众了解中国提供生动的图景。早在德庇时英译《好逑传》之前，英国东印度公司职员詹姆斯·威尔金森已于 1719 年将该书译为英文，后由托马斯·帕西于 1761 年编辑出版，成为英语世界了解《好逑传》的最初渠道。《好逑传》中文原本共 4 卷，前两卷各有 5 回，后两卷各有 4 回，共 18 回。帕西《好逑传》译本虽然也由 4 卷组成，但却打乱了原作的章回安排，译者对故事情节进行了重新整合，改为 38 章。对帕西改变原作结构及对小说情节脉络造成的破坏，德庇时表示不满，认为“由于安排不当，在帕西的译本中，该小说原本的章回变得混乱不清了”①。故德庇时在其《好逑传》的译本中，保留了原作的章回结构安排，将原小说前两卷并为一卷共 10 章，后两卷合为一卷共 8 章，以此确保原小说情节发展的完整与流畅。除此以外，帕西译本中还存在大量的漏译现象②，如原作中极具中国古代章回小说特色的章回目录均未译出，而德庇时则依据原本，补充翻译了帕西省略的章回目录，将 18 回目录全部译出放在各章译文之前，不仅从形式上较好地保留了原作的章回特征，更从内容上保证了译作情节的丰富和完整，使得译作的铺陈安排更为紧凑。

二是借助《好逑传》对目标受众进行道德教化。众所周知，在《好逑传》这一才子佳人小说中，作者着力塑造的男主人公铁中玉慷慨正直，女主人公水冰心冰清玉洁，两人患难之中互通情愫，却又谨守礼义大防，行为处事无处不彰显对道德教化的推崇，是宣扬中国儒家孔孟之道的小说典范。在德庇时看来，当时的儒家思想“无论其智慧内涵还是现实意义都是难以超越的”③，这一点恰恰迎合了西方人推崇清教思想的风尚。正如德庇时在英译本序言中指出，“细读原作《好逑传》，译者对其体现的道德价值评价甚高且印象深刻，尝试译完前两章后，译者开始翻译整个故事……”④。可见，注重原作的道德教化作用是德庇时翻译《好逑传》的出发点之一。德庇时选择翻译《好逑传》建立在他分析预期受

---

①② DAVIS J F D J. The fortunate union, a romance, translated from the Chinese original, with notes and illustrations[M]. London: Printed for the Oriental Translation Fund, 1829: viii.

③ DAVIS J F. The fortunate union, a romance, translated from the Chinese original, with notes and illustrations[M]. London: Printed for the Oriental Translation Fund, 1829: xi.

④ DAVIS J F. The fortunate union, a romance, translated from the Chinese original, with notes and illustrations[M]. London: Printed for the Oriental Translation Fund, 1829: vii.

众的基础之上，译者的翻译动机体现了他所具备的受众意识，而在翻译过程中译者所采用的具体翻译策略更是直接体现了他尽力符合受众需求的意图。

（三）受众意识与德庇时的翻译策略

早在18世纪，受天主教士传播中国文化的影响，英国人就对中国文化产生了极大的兴趣，在工艺美术、园林设计等多方面都以中国风格为时尚，出现了“中国热”。语言是文化的载体，也是文化的反映，中国古典文学作品所使用的语言往往打上了中华文化特有的印记。为满足读者的好奇心，德庇时尽可能将作品中所蕴含的东方情调传达给受众。译者通过遵循作者的思维方式与表达习惯，采取异化译法，可以更加充分地反映源语文化特征，从而有效地表达原文的真实意义，将中国典籍中的异国风味传递给英语世界读者。例如：

原文：韦佩听了，连忙深深一揖道：“得长兄垂怜，不啻枯木逢春。”[①]

译文：The student bowed low. “Sir, your kindness towards me is like the influence of Spring on a dying tree. ”[②]

“枯木逢春”意为枯树到了春天，又恢复了活力。原文中韦佩取其喻义，感激铁中玉在其处于困境之时挽救了他。该词语出自宋代释道原《景德传灯录》卷二十三：“唐州大乘山和尚问：‘枯木逢春时如何？’师曰：‘世间稀有。’”[③]德庇时采取字对字直译的方式处理这一典型的文化负载词，将“枯木”和“春”两种意象分别译为“a dying tree”和“Spring”，译文异化色彩明显，译者处理该比喻时采取的翻译策略体现了明显的东方情调化倾向，抓住了英语世界受众的文化心理需求，能够“激发读者丰富联想，加深其对作品或主题认识”[④]，充分满足了受众对中国古典文学作品“求奇”“求异”的文化心理预期。

然而，受到译语语言文化的制约与受众接受能力的影响，异化策略也有一定程度的局限性。部分因语言文化差异造成的障碍构成了典籍英译中难以逾越的困难，此时德庇时往往根据需要采取归化译法，“向译语读者靠拢，采取译

---

① 名教中人. 好逑传[M]. 合肥：安徽文艺出版社，2005：5.

② DAVIS J F. The fortunate union, a romance, translated from the Chinese original, with notes and illustrations[M]. London: Printed for the Oriental Translation Fund, 1829：13.

③ 刘也. 成语科学荟萃[M]. 北京：解放军出版社，1988：358.

④ 唐述宗，刘少. 文学翻译中文化意象传递的常用方法[J]. 西华大学学报（哲学社会科学版），2007(1)：98.

语读者习惯的译语表达方式，来传达原文的内容”[1]，否则译作很难被受众接受。出于这种考虑，德庇时在翻译《好逑传》的过程中，为传达中国古典文学作品中蕴含的“思想”与“风味”，他尽量异化；出于为受众解决语言文化障碍的目的，在必要时他则采取归化的手段。下面一例集中反映了译者所采用的异化、归化并用互补翻译策略。

原文：蜂虿小难，若不能为兄排解，则是古有豪杰，今无英雄矣，岂不令郭解齿冷？[2]

译文：It is the mere sting of a bee! If I do not see it all to rights, you shall be at liberty to say that the age of achievements is past. [3]

对于西方受众能够理解的意象“蜂虿”，德庇时采取异化的方式将其译为“bee”，既将比喻修辞保留下来，又如实传递了原文的意义。而对于“郭解”这一中国西汉布衣游侠形象，译者则略去不译，着力将短语“令郭解齿冷”的含义采取归化的方法传达出来。异化与归化策略两相结合，既能传递部分源语文化意象，也使得译文更容易为受众所接受，达到了促进文化交流的目的[4]。

除此之外，对于英语世界读者不熟悉的内容，德庇时还采取“厚重翻译(thick translation)”的方法，在序言或脚注中为源语文本中特有的中国文化现象添加阐释性材料，表现出原作深刻而丰富的文化语境，从而更好地满足了受众对中国文化的兴趣和关注。例如：

原文：牌坊中间，却是三个虎座门楼，上面中间直立着一扁，扁上写的是“钦赐养闲”四个大金字。门楼下三座门，俱紧紧闭着。[5]

译文：On either side of the entrance was erected an inscription to the honour of the noble inhabitant; and between them stood a triple portal of lofty dimensions, with this notification in golden letters on high: THE PALACE OF RETIREMENT; CONFERRED BY HIS MAJEST THE EMPEROR. All three of the gates were fast shut.

---

① 孙致礼. 新编英汉翻译教程[M]. 上海：上海外语教育出版社，2011：27.

② 名教中人. 好逑传[M]. 合肥：安徽文艺出版社，2005：4.

③ DAVIS J F. The fortunate union, a romance, translated from the Chinese original, with notes and illustrations[M]. London: Printed for the Oriental Translation Fund, 1829:11.

④ 吴军赞. 对英汉习语翻译的异化归化处理的研究[J]. 西华大学学报(哲学社会科学版)，2006(2)：90.

⑤ 名教中人. 好逑传[M]. 合肥：安徽文艺出版社，2005：11.

Every considerable house, as well as every temple, has a gateway, consisting of one large folding-door in the centre, and a smaller one on either side. These last serve for ordinary occasions; while the first is thrown open for the reception of distinguished guests. The ornamental and honorary gateways in the middle of Chinese streets (sometimes improperly termed triumphal arches) are of a similar construction, though in these the doorways are never furnished with valves. Their beauty arises wholly from the painting and gilding, and not from the proportions, which are weak and flimsy. The roof, and what may be called the entablature, overweigh altogether the long and slender pillars beneath. As we refer the origin of columns in Europeans' architecture to the trunks of trees, tapering in proportion as they rise from the ground, so the Chinese pillars may be traced to the original use of the bamboo, which in its slender proportions, and nearly uniform diameter throughout the whole length, assimilates to their columns at present. ①

中国古建筑中,王府大宅或寺庙佛堂的大门一般都是三门相连,中间的门稍大,多用于迎接贵宾或在隆重场合才打开,两边的门偏小,作为日常出入通道,这一点中国人大都熟知。然而,"一宅三门"的建筑特点对于西方人来说很陌生,中国特有的牌坊建筑及其特有的文化含义他们更不熟悉,所以德庇时有意识地添加了一条长达 168 字的脚注来介绍"三门"以及中国牌坊的建筑特色,译文既容易为受众接受,又能如实传递中国古代建筑文化,不失为"协调原文本土文化和译者翻译计划的一个有效方法"②。

又如,原作涉及中国一夫一妻制的婚姻制度,德庇时在序言中指出妻与妾的不同之处:中国人可以纳妾,但只能拥有一位妻子,娶妻要有仪式且讲究门户,与纳妾完全不同。为帮助受众理解,德庇时运用英语读者所熟悉的宗教、文化内容,采取西中比附、会通的方式进行解释,指出中国家庭中妻与妾的关系就如同《圣经·旧约》中撒拉与夏甲的关系③,将中国婚姻文化如实传递给了受

① DAVIS J F. The fortunate union, a romance, translated from the Chinese original, with notes and illustrations[M]. London: Printed for the Oriental Translation Fund, 1829:29.

② 陈吉荣. 论人类学视域下的典籍翻译策略研究[J]. 西华大学学报(哲学社会科学版),2010 (4):74.

③ DAVIS J F. The fortunate union, a romance, translated from the Chinese original, with notes and illustrations[M]. London: Printed for the Oriental Translation Fund, 1829:15.

众。无怪乎，辜鸿铭曾这样评价德庇时，“绝大多数英国佬对于中国人的看法，是受到他（德庇时）关于中国著作的影响”[①]。德庇时的《好逑传》译本在 19 世纪初期成功地将中国文化、中国文学引介给西方人，为中西文化交流增添了不可替代的精彩的一笔，他的功绩值得后人称扬取鉴。

长期以来，由于我国对外来先进文化和优秀文学作品有着强烈的需求，翻译者及研究者的思考多集中在“如何把原作翻译好”的问题上，较多关注译作的忠实性，忽视甚至无视译作的传播与接受问题，造成了对中国古典文学作品“走出去”这一问题的认识误区，认为只要“译出去”就是“走出去”了。建立在“译入翻译”基础上的译学理念“使得翻译者和翻译研究者甚少甚至完全不考虑翻译行为以外的种种因素”[②]，将“译出翻译”简单等同于“译入翻译”而未能正视译出活动的特殊性，一定程度上影响了中国古典文学作品在英语世界的传播效果。翻译中国古典文学作品能更好地弘扬中华民族优秀文化，增强中国文化软实力，促进东西方文化的交流与理解。但因缺乏受众意识，中国文学典籍“走出去”步履维艰。

从本质上看，文学典籍翻译是一种跨文化、跨语际的信息传播，受众是影响传播过程的要素之一。译界不仅需要研究语言文字层面的转换规律，关注典籍翻译问题本身，还要关注译作的传播与接受情况；既要注意典籍英译质量，也要考虑包括受众在内的文本以外的其他因素。译者在从事典籍英译的过程中，要增强受众意识，注重分析译作的受众类型、接受动机，还应重视诸如传播途径、译入国意识形态及诗学观念等要素。译者只有从多角度综合考察影响典籍英译这一特殊译出行为的系列因素，才能更有效地将中国文学和文化译介给世界各国读者，从而使典籍英译“走出去”达到预期效果。

第二节　德庇时与中国古典戏剧英译

近年来，学界对德庇时翻译的中国古典小说、诗歌进行了一些探讨，但鲜有

① 辜鸿铭. 东方智慧：辜鸿铭随笔[M]. 北京：北京大学出版社，2010：5.

② 谢天振. 中国文化如何才能真正有效地“走出去”？[J]. 东方翻译，2011(5)：5.

学者对其中国古典戏剧英译活动开展专题研究，已有成果也只是对其戏剧译作的整理，或是对其译本进行语言分析，缺乏对译者行为的深入解读。翻译不仅是言语行为，更是话语生产的社会行为[①]。下文以德庇时中国古典戏剧英译活动为研究对象，借助法国学者皮埃尔·布迪厄(Pierre Bourdieu)的社会学理论，分析场域与惯习对德庇时翻译选材和翻译策略的影响，以深化对典籍英译及翻译社会学的研究。

一、场域与德庇时翻译文本的选择

场域(field)是布迪厄社会学理论中的核心概念，指的是行动者的活动空间，即"处在不同位置的行动者在惯习的指引下依靠各自拥有的资本进行斗争的场所"[②]。场域不是一个实体存在，而是一个空间概念，布迪厄将其解释为"位置之间客观关系的网络和构型"[③]。社会可分割为不同的场域，形式多样的社会场域通过各种社会关系联结起来，其内部结构和矛盾冲突同所处的社会条件或社会结构发生对应关系。作为人类活动的场所，场域无法脱离人及其活动而独立存在，同时也制约着行动者的心理、行为、地位和作用。场域为研究译者的翻译行为、解释相关翻译现象提供了有效的视角。译者的翻译行为，特别是拟译文本的选择与译者所处场域密切相关。

（一）英国汉学场域对翻译选材的影响

德庇时在华之时，欧洲汉学场域存在着新旧两种话语的激烈交锋：一是以19世纪英国"进步主义"中国观为代表的新精神；二是以18世纪法国"启蒙主义"汉学观为代表的旧知识。两者在现代性方面有一脉相承的联系，但是对待东方的态度却截然相反[④]。自17世纪以来，法国的耶稣会士和汉学家对中国文

① 王晓元. 翻译话语与意识形态：中国1895—1911年文学翻译研究[M]. 上海：上海外语教育出版社，2010：33.

②③ 宫留记. 布迪厄的社会实践理论[M]. 开封：河南大学出版社，2009：48.

④ 李天刚. 论马礼逊的"中国文化观"[C]//李灵，尤西林，谢文郁. 中西文化交流：回顾与展望　纪念马礼逊来华两百周年学术研讨会论文集. 上海：上海人民出版社，2009：69.

化向来推崇备至，他们主张用中国文化来冲击西方文化、解放思想。然而，1793年英国马嘎尔尼使团访华失败后，斯当东、巴罗等使团成员在日记及出访报告中描述的在华见闻塑造了负面的中国形象，促使西方人的中国观发生了决定性转变，显示出19世纪西方中国观的典型特征，即“处于工业化过程中高度自信的西方现在以一种与他们的先辈们完全不同的眼光看到了一个正在衰落的中国，而之前不久，其先辈们看到的是一个正处于鼎盛时期的帝国”①。从翻译选材看，法国汉学家所译文本以中国上古史片段、儒家经典、道教和佛教思想为主体，反映出他们对传播中国经典文化的专注。英国汉学界受到殖民意识形态以及“欧洲中心主义”思想的影响，普遍认为“进步的西方已经超越停滞的东方”，主要翻译的是明清小说、政府文书、新闻以及奇闻轶事，与陈腐学究式的法国汉学形成鲜明对比。作为英国外交官汉学家代表的德庇时更是如此，他处于中国观与汉学观两种话语的矛盾判断之中，其翻译选材必然受到汉学场域变革的影响。为了彰显译作的“实用价值”，嘉庆二十二年(1817年)，德庇时从《元曲选》中选择将武汉臣的元杂剧《老生儿》译成英文，并由伦敦默里公司出版。道光九年(1829年)，他又将马致远的《汉宫秋》译介到西方，由伦敦东方翻译基金会出版。德庇时选译元代杂剧，主要是因为此类作品体现了中国人的民族性格和社会风俗等方面的信息，能够展现出中国社会生活的真实图景，有利于西方读者“了解真实的中国人性格，知道他们在日常生活中如何行为，而不是听圣人讲解他们应该怎样做”②，从而顺应英国汉学场域发展的需要。

（二）西方文学场域对翻译选材的影响

从希腊文学开始，戏剧始终是西方文学的支柱之一，而作为中国文学重要组成部分的戏剧，因其与欧洲偏好的文学形式相符合，则更易获得译者的关注。德庇时借助欧洲文学场域的学术评价标准对中国戏剧的类型作出了判断，认为中国戏剧存在喜剧和悲剧，并在此基础上选择了“一喜一悲”两部元杂戏剧译介到西方世界，折射出其翻译选材与西方文学场域的关联。德庇时参照西方文学场域中的戏剧标准对《老生儿》进行了分析，认为这部作品“戏剧情节统一且完

---

① 胡优静.英国19世纪的汉学史研究[M].北京：学苑出版社，2009：2.

② 沈安德.以重译立论：19世纪汉学翻译中的经典形成、专业化和国际竞争[G]//王宏志.翻译史研究：2014.上海：复旦大学出版社，2015：329.

整，故事设置紧紧围绕一个中心(即没有子嗣尽赡养义务所导致的不幸)展开，尽管整个故事发生在3年之内，但因情节之间过渡自然且保持连贯性，使得时间的流逝并未被察觉直到剧末老者3岁的儿子出现”①，在故事情节、时空观设置方面均与西方传统戏剧契合。此外，译者还在译本的广告页中明确了该剧的“喜剧”性质，指出《老生儿》喜剧选自与《赵氏孤儿》同属一部的剧本集。在《汉宫秋》英译本序言中，德庇时指出“故事题材宏大而严肃，剧中人物身份尊贵，故事结局悲惨可叹，加上贯穿故事始终的对公平正义理想的追寻，使得戏剧符合最为苛刻的希腊标准”②。在他看来，《汉宫秋》这部杂剧完全符合西方传统文学理论对“悲剧”所下的定义：“此剧的行动的统一是完整的，比我们现时的舞台还要遵守时间与地点的统一。它的主题的庄严、人物的高贵、气氛的悲壮和唱词的严密能满足古希腊三一律最顽固的敬慕者。”③他在《汉宫秋》剧目标题的英译中使用了“tragedy”一词，明确表明了作品的悲剧性质。可见，德庇时对《老生儿》和《汉宫秋》两部戏剧的选择从未摆脱西方文学场域的束缚与制约。

二、惯习与德庇时翻译策略的确定

在布迪厄的社会学理论中，惯习是“让行动者以某种方式行动和做出行为反应的秉性系统”④，它将行动者的经历和体验糅合在一起，每时每刻作为各种知觉、评价和行动的母体发挥其应有的作用和功能，从而使行动者有可能完成复杂多样的任务。惯习作为一个行为和性情倾向系统，源于实践也影响实践。存在于个体之中的惯习“具有生成性、建构性，甚至带来某种意义上的创造性能力，表明了主体选择的目的性”⑤。翻译作为一种社会行为，是译者主体作用于译本客体的过程，译者做出的选择常常受到自身惯习的指挥。作为一名游走于

① DAVIS J F. Laou-Seng-Urh, or, an heir in his old age, a Chinese crama[M]. London: John Murray, 1818:41.

② DAVIS J F. Han Koong Tsew, or, The Sorrows of Han, a Chinese tragedy[M]. London: The Oriental Translation Fund, 1829.

③ DAVIS J F. Han Koong Tsew, or, The Sorrows of Han, a Chinese tragedy[M]. London: The Oriental Translation Fund, 1829:216.

④ 魏望东. Habitus与翻译选择[J]. 翻译论坛，2016(1):84.

⑤ 魏望东. Habitus与翻译选择[J]. 翻译论坛，2016(1):83.

英汉两种语言与文化之间的汉学家，德庇时在文化接触中培养起来的“跨文化惯习”会对其翻译行为产生相应影响，促使他基于一定的文化立场对言语转换方法不断做出抉择，而他所使用的微观翻译策略正是译者惯习的外在表现形式。

（一）忠实呈现原作结构体制

元杂剧是一种成熟的戏剧形态，具备迥异于其他文学样式的体制特征。就剧本结构而言，元杂剧剧本的基本组织形式可以概括为“四折一楔子”[①]。“折”是剧情发展过程的段落，一折相当于后世戏剧的“一幕”或“一场”；“楔子”相当于现代戏剧中的“序幕”或“过场戏”，其作用是为剧情的展开作必要的交代，使剧情更加严密紧凑。为了尽可能地向西方读者呈现中国戏剧原貌，德庇时严格遵循元杂剧的结构体例。在《老生儿》英译本中，德庇时以 ACT 加罗马数字的方式翻译“四折”，以音译加意译的方式将“楔子”译成“SIE-TSZE”或“OPENING”，均忠实于原作。在《汉宫秋》英译本中，译者采用同样的方式处理“四折”，但将“楔子”改译为“PROEM”，使得译文表达更加简洁。通过准确再现原作“四折一楔子”的结构特征，德庇时将元杂剧独特的戏剧形态如实呈现给西方读者。元杂剧剧本中还有大量的动作、表情、效果等舞台指示，称为“科介”，德庇时同样以直译法处理这些元杂剧的重要体制特征。例如，他将“做问科”翻译为“Address himself to somebody”，将“做对镜科”翻译为“Stands opposite to a mirror”。此外，对元杂剧剧本中重要的文学要素“宾白”，德庇时也尽其所能详实译出、完整呈现。在《老生儿》第三折正末规劝婆婆的重头戏中，婆婆以一句谚语描述嫁为人妇的处境：“我嫁的鸡随鸡飞，嫁的狗随狗走，嫁的孤堆坐的守。”德庇时一字不漏地译为：“If I wed a fowl, I must fly after it; if I wed a dog, I must run after it; if I wed a deserted clod, I must sit down and guard it.”译文同原文一样妙趣横生，具有鲜明的口语风格，凸显出中国戏剧“宾白”的表现力。可以说，德庇时译本的出现标志着中国戏剧第一次真正完整地展示在西方人面前。

---

① 张进德，王利锁. 中国古代文学史：下[M]. 开封：河南大学出版社，2012：122.

（二）删节改写原作情节内容

尽管德庇时译本如实保留了中国戏剧结构的完整性，但对原作部分章节中单调、乏味或粗鄙的情节，译者运用删节改写策略进行了处理。例如，《老生儿》英译本中被译者删节的内容有“年方二十的丫鬟小梅怀孕”“遭责骂的卜儿要为正末纳妾”“引孙得志，羞辱张郎”等文字。德庇时认为这些省译的情节“或是内容低俗、有伤风化；或是单调枯燥、兴趣索然，删节之后并不影响和破坏戏剧的完整性”[①]。受西方戏剧文学传统的影响，德庇时在翻译《汉宫秋》时只保留“宾白”的话剧形态，过滤掉大量“更适合舞台演出，而不是文本阅读”的曲词，原作仅有第三折“得胜令”“收江南”和第四折“醉春风”“蔓青菜”“白鹤子”“十二月”等6段曲词因语言浅白易懂、风格生动简练而得以保留。同时，针对元杂剧存在场景缺失、布景单一的现象，德庇时以西方戏剧的舞台时空理论为指导进行了一定程度的改写。例如，《老生儿》原作中并未明确交代故事发生的场所，但德庇时在第一折中设置了两个场景，分别标注为“SCENE-The Old Man's House”和“SCENE-The Cottage”。在第二折中他将布景变换为“SCENE-The Entrance of a Temple”。在《汉宫秋》译本中，德庇时在楔子前直接说明了该剧发生的场景：“The Scene lies in the Tartar Camp, on the Frontier; and in the Palace of Han.”（该剧发生在地处边界的匈奴营房和汉朝宫殿）通过改写，德庇时成功地营造了时空布景变化灵活的中国戏剧舞台形象，也使得译作更易被西方读者所接受。

（三）添加注释再现东方情调

通过语言文字展现异域风情和文化，是德庇时翻译中国文学作品的重要考量，这种翻译动机与不列颠帝国殖民主义扩张及猎奇心态息息相关。为了将中国社会风俗真实地呈现在英语读者眼前，德庇时不仅选择译介元杂剧，更在译作中增加了大量补充说明性文字，以引发西方读者对东方异国情调的好奇心。据统计，德庇时《老生儿》译本的尾注篇幅长达9页，占译作总页数的十分之一。

① 房燕．英国汉学家德庇时与中国古典文学的早期海外传播[D]．北京：中国人民大学，2012：43.

剧中正末介绍侄儿背负侄儿母亲的骨殖来投靠他，德庇时在此处添加了如下注释："抛弃家人的坟墓，是中国人道德中最大的罪行。外邦人来到中国，必然会惊骇于眼前数量众多的棺材置于河岸、运河旁，等着被运送至埋葬之地，或与其活着的家人一同移居至新的住处。"[①]德庇时对中国丧葬习俗的注解看似普通，实则体现出译者有意"为剧本的异国情调增添更多的实证性与精确感"[②]。在《汉宫秋》译本中，译者同样也以注释的方式向西方读者介绍了中国古代的历史人物，德庇时对"纣王"的解说为："Chow-wong was the last of the Shang Dynasty, and infamous by his debaucheries and cruelties, in concert with his empress Takee, the Theodora of the Chinese."（纣王是商朝末代君主，宠幸皇后妲己，是中国的狄奥多拉，因其荒淫无道和统治残暴而臭名昭著）诸如此类的注释性副文本有效地扩大了译文的文化信息量，译者频繁采用的中西类比解释法也便于读者理解和接受。

综观德庇时的中国古典戏剧英译实践可以发现，译者选择翻译元杂剧深受英国汉学场域和西方文学场域的制约，一方面顺应了英国汉学发展的需要，另一方面实现了西方文学理论与中国戏剧研究的贯通。在文本内容的处理上，受译者惯习的影响，德庇时综合运用了保留、删节、改写及添加策略，从译介东方文化的角度开展翻译活动，为西方读者接触和熟悉中国古典戏剧提供了一条文献通道，成为 19 世纪初中西文化交流的经典案例。借助社会学的场域与惯习理论解读德庇时对中国古典戏剧的英译活动，为深化中国典籍英译及译者行为研究提供了新的视角。

第三节　德庇时与中国古典诗歌英译

德庇时对中国文学典籍的译介不仅涉及小说和戏剧两大领域，他还因全面系统介绍中国古典诗歌而著称于世，其成就集中体现于《汉文诗解》一书。德庇

---

① DAVIS J F. Laou-seng-urh, or, an heir in his old age, a Chinese drama[M]. London: John Murray, 1818:107.

② 汪诗佩. 文本诠释与文化翻译：元杂剧《老生儿》及其域外传播[J]. 民俗曲艺，2015(9):53.

时在书中深入探讨了汉语语音特点与中国诗歌创作之关系，分析了中国诗歌的字数、停顿、押韵、对仗等形式特征，同时对中国诗歌题材进行分类总结。成书过程中，德庇时引用中文诗作100种用以佐证自己的诗歌观。所引诗歌既有中文原文，又附拉丁字母注音和英语译文。除少量篇目援引他人译文外，书中大部分诗歌的翻译均出自德庇时之手，是“英国汉学史上第一部尝试着全面系统地译介中国古典诗歌的专著”[①]，在欧洲产生了很大的影响。该书最初以论文形式发表在1829年《大不列颠及爱尔兰皇家亚洲学会学报》(《Journal of the Royal Asiatic Society of Great Britain and Ireland》)第二卷上，同年单行本在伦敦出版，书名为“On the Poetry of the Chinese”，同页附有书名拉丁文译文“Poeseos Sinicae Commentarii”及中文译文“汉文诗解”四字。1834年，该书由英国东印度公司澳门印刷所再次出版，书名未做变动。此后，德庇时对书中的评价性内容作了一些修正，并补录若干诗篇，将原著更名为“The Poetry of the Chinese”，增订本由伦敦阿谢尔出版公司于1870年出版。本节以《汉文诗解》1870年版本为底本，着重讨论译者诗学观念与诗歌译介的关系。

一、泛诗歌化的文体观与诗歌译介选材

从《汉文诗解》引诗篇目看，德庇时选择译介的中国古典诗歌大致可以分为两类。一类是可纳入诗体范畴的单篇诗作和源于小说、戏曲的诗词韵文。单篇诗作共引68首，包括《诗经》中的《召南·鹊巢》《小雅·谷风》、白居易的《卜居》、王涯的《送春词》、杜甫的《春夜喜雨》、丁泽的《良田无晚岁》、欧阳修的《远山》、丘濬的《咏五指山》、朱厚熜的《送毛伯温》、萧纲的《江南弄》、李亦青的《春园采茶词》、潘有度的《兰墩十咏》等。另有17首诗歌引自小说《清平山堂话本熊龙峰四种小说》《好逑传》《红楼梦》和戏剧《长生殿》《老生儿》。另一类严格意义上说难以归入诗体范畴，包括骈文和格言、谚语15种，出自《好逑传》《三字经》《文昌帝君孝经》《戒子孙文》等。

德庇时诗歌译介选材之广在中国诗歌西译史上并不多见，所引诗作上启秦汉，下至明清，时间跨度长；既有单篇诗作，也不乏源自小说戏剧的诗词韵文，来

① 王燕，房燕.《汉文诗解》与中国古典诗歌的早期海外传播[J].文艺理论研究，2012(3):45.

源广泛；既收录韵律极为工整的五七言律诗，又不排斥句式长短不一的词曲，体类多变。翻译选材折射出译者的翻译目的，德庇时曾指出："如果不是因为欧洲欣赏兴趣的标准不同，中国诗歌也许会获得成功，而不会受到如此漠视。这种检验如果不充分应用，就不仅是疏忽的，而且是荒谬的，我们没有理由急于谴责在其本土所激发的那种热情；我们也没有理由对从孔子到乾隆这漫长的历史长河中，中国诗歌拥有如此众多的崇拜者而感到震惊。"①可见，译者怀有全面介绍中国诗歌整体风貌的学术理想，他试图通过传递"泛诗歌化"的诗学理念改变西方读者长期漠视中国诗歌的现实。同时，作为早期来华殖民者的代表，德庇时的翻译行为必然带有很强的社会功利性。他译介中国诗歌不仅强调诗歌的创作技巧和形式特征，而且重视诗歌的题材内容和精神风貌，因为他认为对主题选择不当是造成中国文学在西方受到漠视的原因。为此，德庇时号召"从事中国文学研究的教授们花些力气，悉心选择最好的题材，提供足以吸引人的介绍，以满足绝大多数有欣赏水平并且具有相当修养的读者们的需求"②，在其翻译实践中，他译介了为数不少的民间诗词韵文，体现了译者明确且自觉的实用主义目的，即"通过文学作品来了解中国的历史文化、认识中国的风土人情"③。例如，组诗《春园采茶词》共有 30 首，在《汉文诗解》引诗总数中所占比例接近三分之一。这组诗在中国诗歌领域称不上是名作，在各种选集中更是难见其踪影。然而，诗的作者李亦青是屯溪知名茶号李祥记的主人，以其为代表的徽州茶商资本雄厚，在明清时期长期以广州为口岸，依靠粤商与英国洋行交涉，一度执茶叶贸易之牛耳。李亦青创作的《春园采茶词》是徽州茶乡竹枝词的代表作，它以茶事、茶情、茶风为主题，以采茶女生活为主线，内容涉及茶叶采摘、晾晒、烘焙等工艺，"亲切细腻地描绘出一幅徽州茶乡、特别是松萝山茶区的风情画卷。历代茶词茶诗中述及采茶场景甚多，但未有如此多篇且充满诗情画意的竹枝词。同时，这些竹枝词提及的徽州休宁、婺源和松萝茶等，是一份难得的近代茶文化研究资料"④。自 18 世纪 40 年代起，英国逐渐成为欧洲最大的茶叶消费国，这极大地刺激了英国东印度公司的茶叶贸易。1815 年起，英国东印度公司每年在茶叶贸易中的获利都在 100 万英镑以上，占其商业总利润的 90%，为英

---

① 罗伯茨. 十九世纪西方人眼中的中国[M]. 蒋重跃，刘林海，译. 北京：时事出版社，1999：173.

② 罗伯茨. 十九世纪西方人眼中的中国[M]. 蒋重跃，刘林海，译. 北京：时事出版社，1999：174.

③ 王燕，房燕.《汉文诗解》与中国古典诗歌的早期海外传播[J]. 文艺理论研究，2012(3)：47.

④ 郑毅. 茶事闲谈[M]. 北京：群言出版社，2005：60.

国国库提供了10%的收入，茶叶贸易对英国东印度公司以及英国财政的重要性由此可见一斑。① 从这一点看，德庇时以译介《春园采茶词》为途径介绍中国茶叶的种植和制作工艺，不仅为英国人了解中国茶文化提供了极具价值的文化佐料，对拓展中英茶叶贸易也具有特别的意义。

二、韵散结合的诗歌翻译策略

在《汉文诗解》的第一部分，德庇时以发展的眼光考察了自《诗经》以来中国诗歌的创作技巧和形式特征。他认为中国诗歌的韵律建立在汉语发音基础之上，"二元合音"和"三元合音"的存在使得汉语的发音更为灵活，是构成中国诗歌音律美的重要原因。② 德庇时从"四声""平仄"等角度研究中国古代诗歌的格律，从诗歌发展的角度梳理中国诗歌用字的演变轨迹，对"三字句""四言句""五言诗""七言诗"作了全面的探讨。他还关注到中国诗歌中普遍存在的对仗现象，以同义对仗、反义对仗、综合型对仗和递进行对仗四种类型为基础，总结出对仗使用的具体要求，如句意相近或相对、词性对应、语法结构相当等。德庇时对中国诗歌押韵的相关论述同样细致而深入，他以成熟的五言、七言近体诗为例，总结出中国诗歌的用韵方式和用韵位置，例如，隔句押韵、偶数句用韵、奇数句不用韵、首个韵句限定全诗韵脚、一韵到底等。德庇时对平仄、押韵、对仗等中国诗歌格律的研究直接影响了他的诗歌翻译策略，他将"韵体译诗"视为"再现中国诗歌原貌的最佳方式"③，《汉文诗解》中相当数量的译文确实达到了以韵译韵的翻译标准。试看以下该书所引杜甫《春夜喜雨》及其译文。

春夜喜雨

好雨知时节，(仄仄平平仄)
当春乃发生。(平平仄仄平)
随风潜入夜，(平平平仄仄)

---

① 庄国土. 从丝绸之路到茶叶之路[G]//龚缨晏. 20世纪中国"海上丝绸之路"研究集萃. 杭州：浙江大学出版社，2011：504.

② DAVIS J F. Poeseos sinicae commentarii[M]. London：Asher and Co.，1870：3.

③ DAVIS J F. Poeseos sinicae commentarii[M]. London：Asher and Co.，1870：34.

润物细无声。(仄仄仄平平)
野径云俱黑,(仄仄平平仄)
江船火独明。(平平仄仄平)
晓看红湿处,(平平平仄仄)
花重锦官城。(仄仄仄平平)

An Evening Shower in Spring

See how the gently falling rain
Its vernal influence sweetly showers,
As through the calm and tepid eve
It silently bedews the flowers.
Cloudy and dark th'horizon spread,
Save where some boat its light is burning:
But soon the landscape's tints shall glow
All radiant, with the morn returning.①

通读原诗可以发现,从用韵看,第二、四、六、八行的“生”“声”“明”“城”押庚韵;从平仄看,仄起式首句不入韵,类型是甲乙丙丁甲乙丙丁,全诗无失黏、失对及其他不合律之处;从对仗看,颔联为流水对,音步是二一二对二一二,颈联为工对,音步是二一二对二一二;从句式看,全诗各句均为三字尾。考察德庇时的译文,不难看出译文的押韵格式为 abcb、cded,是典型的隔行押韵,在第二诗节,译者还有意识地使用了双韵,burning 和 returning 在两个音节上押韵,后一个音节为非重读音节,易于获得轻柔委婉、充满意境的听觉效果。在韵律节奏上,译文主要采用抑扬格四音步,其中穿插扬抑格,充分体现出诗歌语篇的文体特征。译者尽力追求译文与原文在格律和节奏方面的形似,为保存中国古代诗歌的文学价值做出了极大的努力。必须指出的是,尽管德庇时将以韵对韵视为诗歌翻译标准,但在部分诗歌的翻译实践中他也采用了“散文翻译”(prose translation)的策略。德庇时坦言:“为了更好地传达诗歌原意,作者在本书中采用了

① DAVIS J F. Poeseos sinicae commentarii[M]. London: Asher and Co., 1870:45.

散文翻译的原则，这种方式易于记诵，然而这对介绍任何语言的诗歌来说都是一种极为不利的方式"[①]。由此可见，虽然"散文翻译"策略不能最大程度保留诗歌文体的形式特征，并非诗歌翻译的最佳策略，但这种方式无疑有助于读者接受中国诗歌，也有利于中国诗歌在西方的广泛传播。

德庇时是西方世界系统译介中国诗歌的先行者，收录其译作及相关研究成果的《汉文诗解》一书丰富了英语世界读者对中国诗歌的认知与解读，出版后在欧洲流传甚广，影响颇大，成为西方汉学家从事中国诗歌研究的重要参考文献。英国汉学家麦都思在《中国评论》杂志上介绍汉语诗歌平行特性时主要参考了德庇时的观点，美国汉学之父卫三畏在《中国总论》中介绍中国文学时更是大量转引了德庇时的研究成果。对于《汉文诗解》在西方汉学研究领域的地位，美国汉学家马森曾作如下高度评价："不管讲英语的民族对中国诗歌这一课题持有什么样的看法，都与这部专论有渊源关系。"[②]作为西方中国诗学研究的奠基之作，《汉文诗解》为中国诗歌英译树立了第一座丰碑，对研究中国诗歌早期海外传播极具参考价值。

① DAVIS J F. Poeseos sinicae commentarii[M]. London: Asher and Co., 1870: 78.

② 马森. 西方的中国及中国人的观念：1840—1876[M]. 杨德山，译. 北京：中华书局，2006：225.

第三章　汉学家马礼逊中国典籍英译研究

1807 年，英国人马礼逊受基督新教伦敦会派遣来华，成为 19 世纪上半叶第一位入华的新教传教士。他在传播基督教义的同时，供职于英国东印度公司从事翻译工作，为该公司扩大对华贸易发挥了重要作用。作为新教首位来华传教士，马礼逊在基督教入华史上的地位和作用不容忽视。因此，学界对马礼逊的研究多从基督教在华传教史的角度开展，关注其传教士身份和福音传播活动，同时对他引进西式近代印刷技术、兴办教育机构、编纂辞书以及创立报刊等也有相应介绍。相比之下，对马礼逊翻译活动的讨论并不多见，本章着重探讨马礼逊对中国儒家经典和官府文件的译介以及他开展的双语辞书编译活动。

第一节　马礼逊与中国儒家经典英译

在翻译方面，马礼逊不仅最早出版了《圣经》中文全译本，更是率先将一批中国古代文献译介到英语世界，既包括以《京报》为代表的官府文件，也涉及中国传统文化经典。其中，1812 年在伦敦出版的《中国春秋》(《Horae Sinicae: Translations from the Popular Literature of the Chinese》)一书颇具代表性。该译文集不仅收录了马礼逊根据《绘图三教源流搜神大全》翻译的"释教源流""道教源流"等宗教词条以及蒙学读物《三字经》，还包括对儒家经典《大学》的英译。身为耶稣新教传教士的马礼逊选择译介中国儒教典籍，背后必然存在本土文化与异域文化的相互碰撞与交融，而翻译则是译者实现文化资本重构的重要途径。因此，有必要对马礼逊英译《大学》中所涉及的文化资本进行深入解读，借此拓展 19 世纪早期中国典籍英译研究内容。

一、文化资本的概念

1986 年，为了解释社会场域的积累性，布迪厄在《资本的形式》中将"资本"这一核心概念引介到社会学研究领域，将其定义为行动者的社会实践工具，是行动者积累起来的劳动，既包括物质化的经济资本、身体化的社会资本和文化资本，也包括符号化的象征资本。[①] 在布迪厄的资本理论中，文化资本具有重要地位，是指"行动者对某种文化资源的占有"[②]，具体可以分为三种：一是身体化状态，即长期的心理定势和行为习惯；二是客观化状态，体现为具体的文化产品；三是制度化状态，指文化资本得到相关机构、制度的认可。布迪厄的文化资本理论超越了长期以来人文学科主观主义和客观主义的对立，逐渐引起翻译研究者的关注，勒弗菲尔和巴斯奈特在《文化构建》中曾援引文化资本概念讨论翻译现象[③]，国内杨柳[④]、王悦晨[⑤]等也就文化资本这一翻译社会学的核心概念做过探讨。下文结合布迪厄的文化资本理论，分析文化资本的三种形式与马礼逊

---

① BOURDIEU P. The forms of capital[M]//RICHARDSON J G. Handbook of theory and research for the sociology of education. New York: Greenwood Press, 1986: 241-258.

② 宫留记. 资本：社会实践工具　布尔迪厄的资本理论[M]. 开封：河南大学出版社，2010：117.

③ LEFEVERE A. Translation practice(s) and the circulation of cultural capital[M]//BASSNETT S, LEFEVERE A. Constructing culture: essays on literary translation. Clevedon: Multilingual Matters, 1998: 41-56.

④ 杨柳. 文化资本与翻译的话语权力[J]. 中国翻译. 2003(2): 8-10.

⑤ 王悦晨. 从社会学角度看翻译现象：布迪厄社会学理论关键词解读[J]. 中国翻译，2011(1): 5-13.

英译《大学》的关联，从社会学视角揭示翻译活动背后的权力话语和翻译暴力。

二、身体化文化资本与《大学》英译动机

身体化文化资本指的是“行动者通过家庭环境及学校教育获得并成为精神与身体一部分的知识、修养、技能、趣味及感性等文化产物”[①]，这种相对稳定的性情倾向经过长期积累成为行动者精神与身体的有机组成部分，表现为具体的、个性化的秉性和才能，比如行动者所具有的流利的言词、审美趣味、教养、气质等。身体化文化资本的最初积累“主要取决于整个家庭所拥有的文化资本”[②]。

就马礼逊翻译《大学》而言，译者家庭环境和成长背景对其身体化文化资本的积累有着重要影响。1782 年，马礼逊出生于英国北部诺森伯兰郡(Northumberland)一个典型的基督教家庭，父亲雅各·马礼逊(James Morrison)是虔诚的基督教新教——长老宗教徒，他恪守教义，教导子女信奉耶稣，在当地长老会担任长老多年，不但受到教会内教徒的敬重，也受到地方民众的称赞。家庭浓厚的宗教氛围对马礼逊产生了潜移默化的影响并逐渐内化，成为他积累身体化文化资本的先决条件。受父亲言传身教的熏陶，马礼逊 16 岁时便接受洗礼加入了纽卡索长老会，并跟随牧师刻苦学习圣经、拉丁文、希腊文和希伯来文，为献身基督教神职事业做了充分准备。1803 年，马礼逊进入伦敦霍斯顿学院(Hoxton Academy)学习神学，一年后受英国伦敦会指派从事海外福音传播事业。1807 年来华前，为了奠定汉语基础，马礼逊跟随留英学习的中国人容三德识记汉字。此外，他还通过阅读巴黎外方传教会白日升的《圣经》中译本、方济各会来华传教士叶尊孝的《拉汉词典》手稿，进一步提升了中文水平。入华后，他在中文教师的帮助下继续加强汉语学习，“来华一年后他已经开始研读‘四书’了”[③]。家庭环境和教育经历塑造了马礼逊的传教士身份，赋予他特定的身体化文化资本，由此引发了他对中国儒家经典的关注。

《大学》相传为孔子的弟子曾参所作，全面总结了先秦儒家的伦理道德思

---

① 朱伟珏. 布迪厄“文化资本论”研究[M]. 北京：经济日报出版社，2007：64.

② 宫留记. 资本：社会实践工具　布尔迪厄的资本理论[M]. 开封：河南大学出版社，2010：139.

③ 苏精. 中国，开门！马礼逊及相关人物研究[M]. 香港：基督教中国宗教文化研究社，2005：46.

想，系统阐发了儒家安身立命的原则及方法，认为治国平天下应以德为本，向来是儒家信奉者和推崇者的必读书目。马礼逊深知儒家伦理教化思想在中国根深蒂固，“正如基督教渗透在西方文明的各个方面一样，‘四书’‘五经’等儒家经典对中国的上层建筑、意识形态以及社会生活各个方面的影响可谓沦肌浃髓”[①]。要让深受儒家文化熏染的中国民众接受基督教义，必须理解儒家经典，借此了解中国人的心理特质与行为方式。“要想在这个国家引入一个新的宗教，自然就要了解他们目前对于神圣和永恒事物的看法，并指出他们自身体系的缺陷，作为推荐另一个体系的前提”[②]，马礼逊积累的身体化文化资本决定了他的翻译动机是为了襄助传教，他选择英译《大学》这一统治中国人思想意识的儒家作品，只是自身传教活动的前奏。

三、客观化文化资本与《大学》英译策略

客观化文化资本“以文化产品的形式（如图书、图片、词典、工具、机械等）存在”[③]，这些具体的文化产品是物质性文化财富，与身体化文化资本的最大区别在于可以进行物质性的传递，如绘画收藏可以代代相传。这种物质性“通过符号性呈现并最终以符号性被占有”[④]。从翻译实践的角度看，译者作为文化生产者运用文字符号对特定的文化资源进行加工并形成译作，这种以客观化形式存在的文化资本可以保留并传承给后人并产生不同程度的影响。就马礼逊英译《大学》而言，译文即是物质化的文化资本，译者从自身文化价值观出发，借助英语语言符号，运用相应翻译策略，实现了文化资本的客观化。

首先，马礼逊采用了以直译为主的翻译策略。对《大学》中具有鲜明特点的句式及修辞，马氏译本基本上做到了如实保留。例如，他将“古之欲明明德于天下者，先治其国；欲治其国者，先齐其家；欲齐其家者，先修其身；欲修其身者，先

---

① 邓联健. 委曲求传：早期来华新教传教士汉英翻译史论（1807—1850）[M]. 北京：清华大学出版社，2015：108.

② 邓联健. 委曲求传：早期来华新教传教士汉英翻译史论（1807—1850）[M]. 北京：清华大学出版社，2015：109.

③ 薛晓源，曹荣湘. 全球化与文化资本[M]. 北京：社会科学文献出版社，2005：6.

④ 傅敬民.《圣经》汉译的文化资本解读[M]. 上海：复旦大学出版社，2009.

正其心;欲正其心者,先诚其意;欲诚其意者,先致其知;致知在格物。"[①]翻译为"The prince who, therefore, wishes that illustrious virtue may be understood under the whole heavens, must first govern well his own kingdom; he who wishes to govern well his kingdom, must first regulate his family; he who wishes to regulate his family, must first adorn with virtue his own person; he who would adorn with virtue his own person, must rectify his heart; he who wishes to rectify his heart, must purify his motives; he who would purify his motives, must first perfect his knowledge: knowledge has for its object the nature of things."[②]译文整段均为并列句,之间用分号连接,遵循了"八条目"的句式铺排特点,将汉语整齐的语序保留下来,同时还忠实再现了原文排比与顶真等修辞格,整个行文在句式和修辞特点上几乎与原文一致。正如马礼逊在《大学》译文导言中所说,他的译本"是对《大学》文本的直译,目的不仅是传递出原文的意义,更要体现出原作的风格和形式"[③]。

其次,马礼逊选择从西方视角出发阐释儒家经典概念,以此发挥客观化文化资本的符号暴力作用。《大学》的题目含义旧说有二,郑玄、孔颖达等将其理解为"博大之学",而朱熹则依据"大学"与"小学"相对,判定这一儒家典籍为古代大学教学内容之一。从题目的翻译看,马氏并未将其译为"The Great Learning"或"The College",而采用音译加直译的方式处理为"TA-HIO; the Great Science"。显然,马礼逊理解的"大学"并非是一种伦理教育,他从知识论的角度将"大学"视为通常意义上的科学,"对十九世纪的英语读者有误导作用"[④]。在《大学》英译文中,马氏将"物格而后知至"一句翻译为"The nature and substance of things first exist, and are afterwards known"[⑤],意思是"本质和实体先存在而后才能被认识",这表明译者深受形而上学思想的影响,承认本体与现象的二元对立,认同世界二重化原则这一西方哲学的方法论前提。事实上,"物

① 朱熹. 四书章句集注[M]. 北京:中华书局,1983:3.

② MORRISON R. Horae sinicae: translations from the popular literature of the Chinese[M]. London: Printed for Black and Parry, 1812:21-22.

③ MORRISON R. Horae sinicae: translations from the popular literature of the Chinese[M]. London: Printed for Black and Parry, 1812:20.

④ 张西平. 马礼逊第一本《大学》英译翻译初探[G]//滕文生. 国际儒学研究通讯(创刊号). 北京:生活·读书·新知三联书店,2015:90.

⑤ MORRISON R. Horae sinicae: translations from the popular literature of the Chinese[M]. London: Printed for Black and Parry, 1812:22.

格而后知至”是说“天下、国、家、身之物能收到感通的效果，并逐次达到平、治、齐、修的全面效应，然后为知之至”[①]，强调的是道德主体在对客观知识的追寻中，只有穷尽事物之理才有豁然贯通的可能。这句话包含的儒家伦理本体论依然以“道德实践”为主导，与西方哲学强调对事物本性的探究有着极大区别。由此可见，马礼逊《大学》英译本作为客观化形式的文化资本有着忠实于原文的一面，但受译者惯习及所处西方文化场域的影响，具有西方中心主义色彩的符号资本和话语形式决定了该译本所呈现的内容绝非中国真实面貌的客观再现。

四、制度化文化资本与《大学》英译影响

制度化文化资本就是被体制认可、已经获得合法性的资本[②]，是行动者知识与技能经过文化体制授权后的存在形式，在学术上得到国家机构的保障，具体表现为行动者拥有的身份、学术头衔和学术资格。译者拥有的文化资本一旦制度化，便可以保证译者与译作获得一定的权威及地位。考察当时的翻译场域可以发现，19 世纪上半叶的《大学》英译者除了马礼逊以外，还有浸信会传教士马什曼(Joshua Marshman)与伦敦会传教士柯大卫(David Collie)，但后两者译本出版时间分别为 1814 年与 1828 年，均问世于马氏译本之后。因此，马礼逊译本是英语世界的第一个《大学》译本，马礼逊也由此成为用英语直接翻译儒家经典的开拓者。

1812 年，马礼逊《大学》英译本出版后，引发了英语世界读者对中国儒学的关注，出现了众多针对译者及译作的评论。1813 年，《每月评论》(《The Monthly Review》)在肯定马礼逊成就的同时极尽嘲讽《大学》之内容，甚至作出了“空洞无物”的评价，由此得出“中国长期处于停滞状态”的结论。[③] 1814 年，《每季评论》(《Quarterly Review》)上有作者将马礼逊的《大学》英语译文与拜尔的《大学》拉丁语译文逐字比对，发现内容并无较大差异，在引述马礼逊译本中孔子的“经文”后，作者评论道：“如果不是天主教传教士将孔子的作品吹得天花乱坠，我们实在不能理解，这位中国人的名字如何能够走出中国，进而厕身于欧洲人

① 潘清芳. 中国哲学思想探研[M]. 高雄：复文图书出版社，1989：91.

② 布尔迪厄. 文化资本与社会炼金术：布尔迪厄访谈录[M]. 包亚明，译. 上海：上海人民出版社，1997：202.

③ 王辉，叶拉美. “直译”的政治：马礼逊《大学》译本析论[J]. 广东外语外贸大学学报，2008(3)：61.

尊奉的古代贤者行列;我们也想象不出,他有什么理由可以同所罗门、毕达哥拉斯、苏格拉底,乃至救世主相提并论。”[①]诸如此类的评论大多对马礼逊的“直译”策略持肯定态度,认为马礼逊的译本展现了一个“需要‘拯救’与‘教化’的中国”,并利用其“忠实”的译文攻击之前耶稣会士塑造的“道德理性之乡”的中国形象。这一方面说明马礼逊《大学》英译本得到了西方社会的广泛认可,具有制度化文化资本的形态。另一方面也体现了该译本在英国汉学史上重要的学术地位与影响,而马礼逊于 1824 年当选为英国皇家学会会员更是直接反映出文化资本获得了制度化的合法保障。

马礼逊选择翻译《大学》与其家庭环境和教育背景有着密切关系,他积累的身体化文化资本决定了其翻译动机是为传教服务。受译者翻译策略与视角的影响,作为客观化文化资本的《大学》英译本并不能如实反映儒家学说,而是西方中心主义优越论的产物。该译本在获得制度化形态后逐渐演变为权力话语作用于西方读者,塑造了马礼逊的汉学家权威。以文化资本的三种形式为研究视角分析马礼逊的翻译行为,可以揭示马礼逊英译《大学》的权力话语以及殖民帝国的意识形态,有助于深刻认识翻译活动的社会本质。

第二节　马礼逊与中国官府文件英译

马礼逊除了从事宗教、文学翻译活动以外,还将大量的清政府官方文件译为英文,以《京报》为主。马礼逊英译《京报》是早期来华新教传教士向西方译介中国情报的典型个案。

一、《京报》及马礼逊英译《京报》概述

清代在京师由报房发行的报纸皆称《京报》,这种民营商业性报纸由明代

① 王辉,叶拉美.“直译”的政治:马礼逊《大学》译本析论[J].广东外语外贸大学学报,2008(3):61.

《邸报》《宫门抄》发展而来，从散张变为单本。《京报》采用竹纸或毛太纸印刷，每日黄昏发行，每期售价十文，多则十余页，少则五页，每页八行，每行二三十字，初用胶泥活字排印，后改为铅活字排印。《京报》没有书边及中行线，长约六寸（1 寸约 3.33 厘米），宽约三寸，封面多用黄纸并印有红色“京报”二字，故又称作黄皮《京报》。清末北京东华门外设有京报房六家，各报房由内阁领文件到宫内抄毕，然后雇佣贫苦文人分写成为底稿，所出《京报》内容主要包括三部分：首先是记载宫廷及人事任免消息的“宫门抄”，其次是上谕，再次为奏折[①]，按此顺序排列，无新闻标题。除此以外，偶尔也刊登少量由报人自撰描绘奇闻轶事的稿件。

最早有关《京报》的英文著述出自斯当东（George Staunton）之手，他在《英使谒见乾隆纪实》中总结道，《京报》“主要登载全国的重要人事任免命令、豁免灾区赋税的命令、皇帝的恩赐、皇帝的重要行动、对特殊功勋的奖赏、外番使节的觐见、各处的进贡礼物，等等”[②]。嘉庆六年六月二十七日（1801 年 8 月 6 日），英国东印度公司大班未氏哈（Richard Hall）有文称：“哈等近日看见‘京报’，叩贺大人高升协办大学士。天朝大皇帝和大人清正廉明，两粤之人各得其所。大人若俯准将此转奏，自可上达天听，则远夷感恩不浅矣。”[③]由此可见，早在乾嘉时期，“负责政治使命的使团成员、传教士、商人、来华留学生等”[④]就已经开始通过阅读《京报》了解中国政治及官府运作情况。

1815 年，马礼逊最早系统翻译《京报》内容并辑录成《中文原本翻译》（《Translations from the Original Chinese》），由东印度公司澳门印刷所出版。全书共有十一章，其中第三章至第十章均以《京报》（《Peking Gazette》）为标题，以中国皇帝年号纪年和西式公元纪年两种方式标明日期，内容译自 1813 年 10 月至 1814 年 3 月 6 日《京报》登载的消息，各章内容独立，既有嘉庆帝的上谕，也有地方官和儒生的奏章。奏章内容连同嘉庆的朱批均被译为英文，部分附有马礼逊的按语。[⑤] 这是迄今发现的最早的《京报》英译出版物，具有特殊的研究意义。此外，马礼逊英译的《京报》作品还散见于《大不列颠及爱尔兰皇家亚洲

---

① 戈公振. 中国报学史[M]. 北京：中国新闻出版社，1985：30.

② 斯当东. 英使谒见乾隆纪实[M]. 叶笃义，译. 北京：群言出版社，2014：444.

③ 叶再生. 中国近代现代出版通史：第一卷[M]. 北京：华文出版社，2002：68.

④ 史媛媛. 清代前中期新闻传播史[M]. 福州：福建人民出版社，2008：118.

⑤ 林玉凤. 中国近代报业的起点：澳门新闻出版史（1557—1840）[M]. 北京：社会科学文献出版社，2015：78.

学会学报》、《印支搜闻》(《The Indo-Chinese Gleaner》)及《广东纪录报》(《Canton Register》)等出版物以及马礼逊给伦敦会的报告中。马礼逊译报活动之动因及策略尚未引起学界高度重视,有必要进行专题研究。

二、马礼逊英译《京报》之动因

翻译活动不是自然而然发生的,自始至终贯彻着翻译主体的个人动机,马礼逊英译《京报》不仅有“译官文,悉时政”之目的,也是出于捍卫自身利益的需要。在英国东印度公司诸多在华译员中,马礼逊效力时间相对较长而且建树颇丰,但受其传教士身份的影响,他与公司的合作最初并不顺利。1806 年,伦敦会向东印度公司提出申请,请求允许新教传教士马礼逊搭乘该公司船只经由印度前往中国,但公司出于自身商业贸易利益考虑,害怕与传教事业产生瓜葛而招致中国政府反对,明确拒绝了教会的申请。马礼逊乘坐美国船只辗转来到中国之后,他也并未得到英国东印度公司的官方承认和接纳,只是受到公司大班罗伯茨等人的私下关照。1809 年,曼宁、小斯当东等公司译员离职,为满足在华开展商务活动的需要,东印度公司不得不聘请中文造诣极高的马礼逊充当译员为公司处理涉华事务。

然而,马礼逊集传教士与译员双重身份于一身,英国东印度公司总部对此深感不安,唯恐马礼逊的新教传教事业会危及公司在华利益。1813 年,中国各地暴乱频发,清政府经调查发现部分叛乱与罗马天主教有关,嘉庆帝遂重申禁教命令。英国东印度公司于 1815 年致函马礼逊:“我们认为有必要通知你,伦敦东印度公司总部得到消息称,在中国印刷的中文《新约全书》和书中的宗教内容,都是由你翻译和散发的,这就构成了违抗中国皇帝的禁令的行为,出版社会被判处死刑。东印度公司认为,你的这些翻译作品,势必严重危害英国对中国的贸易,为此做出决定:你与公司的关系必须终止。”[①]马礼逊在接到解聘消息的当天便回信解释,当时清政府针对的是天主教,并非新教。他指出:“中国皇帝的禁令乃是指责在中国的天主教传教士‘违抗’了中国政府的命令,威吓将给

① 季压西.来华外国人与近代不平等条约[M].北京:学苑出版社,2007:366.

他们严厉的刑罚，这才是事实。”[①]为了证明这一点，马礼逊选译了八则《京报》消息并结集出版，这些消息均与白莲教、天理教和天地会等秘密会社发动的暴乱有关。其中前三则叙述叛乱及平乱经过、抓获的叛徒及其供词，以及相关判决和嘉庆帝对事件发展的看法。第四则至第六则讲述的是由于平乱国库支出大增，各地官员及儒生为此上疏提出解决财政困难的方法。第七、第八则围绕叛乱期间出现的抢掠人口事件，提及嘉庆帝采取的措施。概而言之，马礼逊围绕1813年发生的起义及叛乱事件，摘译相关《京报》消息，重要动因是为了消除东印度公司对自己的误解，澄清自身与嘉庆帝禁教并无关联，以此作为对英国东印度公司解除其译员职务的有力回应。

三、马礼逊英译《京报》之策略

翻译目的论学派代表人物弗米尔（Vermeer）认为，译者应该用最适当的翻译策略来达到目的语文本意欲达到的目的。[②] 马礼逊选择翻译《京报》这一完全属于世俗事务范畴的官府文献，表面上看与其传教活动毫无关系，其实不然。作为伦敦新教传教士，马礼逊需要揭示中国政府在政治思想、官府运作以及对待外国宗教等方面的做法，以便为基督教在中国的传播提供理由；作为英国东印度公司译员，马礼逊还需要满足英国政府了解中国的现实需要。《京报》每日一期，所提供的消息可谓汗牛充栋，但马礼逊在翻译文本的选择上有着明确的思路，他运用摘译策略，彰显出明确的翻译目的。所谓摘译，是指译者根据特定需求“选取原文主要内容或译文读者感兴趣的部分内容的变译活动”[③]。从内容上看，马礼逊摘译的《京报》消息大部分与清朝政务相关。在嘉庆十九年一月二十日（1814年2月9日）的《京报》中，马礼逊摘译的消息是：儒生秦元黄上疏建议清政府检查每年耗费巨额维修费用的必要性，提出皇室应节省开支，但嘉庆帝驳斥儒生的理据，称该建议含混不合理，不可实行，无需考虑。摘译此类上谕文献，能够直接体现最高统治者的政治思想，反映其管理国家的能力，可以迎合母国政府及其他世俗力量的现实需求，获取相应支持。此外，马礼逊所摘译

---

① 季压西．来华外国人与近代不平等条约[M]．北京：学苑出版社，2007：367.

② 刘军平．西方翻译理论通史[M]．武汉：武汉大学出版社，2009：377.

③ 黄忠廉．变译理论[M]．北京：中国对外翻译出版公司，2001：125.

的饥荒、叛乱等反映中国社会贫穷、落后状况的内容也来源于《京报》。在《中文原本翻译》中，他摘译了天地会叛乱、天阁寺叛乱、山东叛乱等诸多有关中国社会的负面报道，反映出译者揭露中国社会黑暗面的明显倾向。

与此同时，大量使用翻译副文本是马礼逊英译《京报》的另一策略。这些副文本主要包括译者所作前言、后记、注释以及单篇译文前后的介绍与评论等，主要用于介绍相关背景、说明底本来源、叙述翻译动机等。其中，评论性副文本在马礼逊英译《京报》中最具典型性。在《广东巡抚朱桂帧文告》英译文之前，马礼逊稍作肯定性评价后便开始批评其"在基本原则和道德约束方面整体上存在缺陷"，进而全盘否定中国绅士群体，认为中国读书人"基本上是一个自负而高傲的群体，而且常常是无知的"，并将原因归结为中国读书人眼中没有上帝，"将儒家幼稚的政治伦理视为圣经，哪怕有丝毫偏离便是大不敬"，接着他批评中国绅士"总是教导人们：人是没有灵魂的，死亡即为毁灭，人一旦进入坟墓便无所谓奖励与惩罚"，最后讥讽道"这便是中国的精神领袖"[①]。在《中文原本翻译》中，马礼逊也添加了此类揭示中国人及政府弱点的按语，如"欧洲读者可将此类官府文件作为了解中国人观念的资料，但不可凭借这些文献了解其实际行为。因为世界上没有哪个国家像中国这样在专业见解与现实实践之间存在如此巨大的鸿沟"[②]。站在西方立场指摘中国是马礼逊《京报》英译本中副文本的突出特点。译者借助负面评论性副文本构建了黑暗、腐朽的"异教世界"形象，为自身开展传教活动提供了借口。

马礼逊英译《京报》为19世纪初在华外国人认识中国社会状况和政府动态打开了一扇窗户。通过阅读马礼逊翻译的大量《京报》消息，可以清晰地掌握皇室动向、政府政策、各地官员上疏行为和上疏内容、皇帝对政局的观点及评论等，借此搜集政治情报，了解及评价中国。《京报》英译本所呈现的中国社会愚昧落后，与西方文明形成强烈反差，译者添加的评论性副文本更是直接批判中国社会制度，为基督教在华传播、列强侵略中国提供了冠冕堂皇的理由。此外，马礼逊的《京报》翻译出版活动为外国人在华办报起到了一定的示范作用，摘译《京报》逐渐成为在华外文报刊的重要组成部分，此后在中国境内创刊发行的

① 邓联健. 委曲求传：早期来华新教传教士汉英翻译史论(1807—1850)[M]. 北京：清华大学出版社，2015：153.

② MORRISON R. Translations from the original Chinese[M]. Canton: East India Company's Press, 1815:35-36.

《蜜蜂华报》《广州纪录报》《中国丛报》等英语报章均沿袭了这一新闻采编方式。马礼逊英译《京报》在中国典籍英译史、新闻出版史上都有着重要的意义。

第三节　马礼逊与双语辞书的编译出版

作为伦敦新教首位来华传教士，马礼逊侨居中国期间，开展了大量的翻译出版活动。他不仅翻译刊印了《圣经》中译本等宣教书籍，还潜心研究中国文字，先后编译出版了《华英字典》《广东土话字汇》《中文对话与单句》等双语辞书。其中，他以《康熙字典》《五车韵府》等中文字典为蓝本编译而成的《华英字典》尤为引人注目。该字典由三部六卷组成，共计 4595 页，收录的汉字加英译达 4 万余条，被奉为“汉英英汉词典之圭臬”[①]。《华英字典》的出版历时 8 年，“开创了中国采用铅活字排版、机械化印刷的历史”[②]，在中国出版史上的意义不可低估。编译出版活动本质上是为了满足特定目的、依据一定规则发生的社会行为，本节拟借助惯习、资本和场域等社会学理论对马礼逊《华英字典》的编译出版进行解读，以期深化翻译出版史研究并为文化典籍的对外译介提供经验参考。

一、宗教惯习与《华英字典》编译出版之动因

“惯习”这一概念可以追溯到柏拉图的《理想国》，后经法国社会学者布迪厄阐发，成为社会学核心术语，被定义为个体的“习惯性状态”，即“稳定的性情倾向系统”[③]。惯习记载了行动者的生活经验和受教育经历，持久地影响着行动

① 杨慧玲. 19 世纪汉英词典传统：马礼逊、卫三畏、翟理斯汉英词典的谱系研究[M]. 北京：商务印书馆，2012：96.

② 叶再生. 中国近代现代出版通史：第一卷[M]. 北京：华文出版社，2002：188.

③ BOURDIEU P. Outline of a theory of practice[M]. Cambridge：Cambridge University Press. 1977：214.

者的思想与行为，促使行为者形成感知与态度，有规律地投身社会实践。研究马礼逊的人生轨迹，可以发现其性情倾向系统从一开始就与宗教紧密联系，他在成长过程中形成的宗教惯习已经内化为一种意识，参与并建构了他的社会行为，这正是编译出版《华英字典》的深层动因。具体而言，其宗教惯习最初通过家庭养成，随后在神学实践中继续打磨而根深蒂固，先后经历了初始化与专业化两个阶段。

（一）家庭环境与宗教惯习的初始化

马礼逊出生于英格兰诺桑伯兰郡的贫苦农家，1785 年举家搬迁至纽卡索城，父亲以制造撑鞋架为生，少年马礼逊在完成基本的小学教育之后，便跟随父亲学习手艺。马礼逊父母均是虔诚的基督教徒，父亲担任当地长老教会的长老，教导全家人敬畏上帝，严格遵守安息日的规定，要求包括马礼逊在内的 8 名子女定期参加公共礼拜、听人宣讲福音。在家庭环境的熏陶下，马礼逊形成了坦率、真诚的性格特征，他曾坦言自己只撒过一次谎，虽然未被揭穿，但内心始终不得安宁，直至承认错误为止。这说明，在父母的教导下，马礼逊心中已经积蓄了《圣经》的教义，其思想已经受到宗教信仰的支配。在参加父母所属高桥教会的祈告团契后，年仅 13 岁的马礼逊开始深刻反省性格中的缺陷和矛盾，坚定了对基督耶稣的信仰，在忏悔的同时寻求救恩与幸福。正如他所言："在神施恩的手的指引下，我滋养了自己的良知，启迪了心灵，没有像一些不思悔改的人那样走上放纵堕落的道路。"[①]受父亲影响，马礼逊于 1798 年即 16 岁时领洗加入长老教会，正式投入到基督教社团活动中，一心渴求担任牧职传播福音，这种脱胎于家庭内部的初始惯习对马礼逊专业惯习的形成起到至关重要的作用。

（二）神学实践与宗教惯习的专业化

为了能够胜任神职，1803 年 1 月，马礼逊进入霍顿神学院修习圣经、拉丁文、希腊文、希伯来文、逻辑学、修辞学等宗教及古典文献课程，成绩优异，但他

① 艾莉莎·马礼逊. 马礼逊回忆录：第一卷[M]. 北京外国语大学中国海外汉学研究中心翻译组，译. 郑州：大象出版社，2008：3.

并不满足于担任教区牧师,遂萌发出向海外传教的强烈意愿。1804 年 5 月,他向伦敦会申请成为传教士获得批准,转学至高士坡神学院进修传教课程。在院长波固和其他理事的鼓励下,马礼逊最终决定献身海外传教事业,并将中国确定为自己的"宣教工厂"。除了接受神学教育之外,他还按照伦敦会的要求学习数学、物理、医学、天文等自然科学知识。接到赴华传教的使命后,马礼逊立刻在伦敦会的安排下向中国人容三德学习中文,期间他深刻认识到编译双语字典对解决语言障碍的重要意义。为了"使未来派往中国的传教士受益无穷,也将使其他愿意学习中文以便前往中国经商或从事其他行业的人得到无可计量的帮助"[①],马礼逊启程东来前,向伦敦会提议由自己编译一部中英文字典并获得采纳。可见,通过接受神学、科学与中文教育,马礼逊已在实践中积累一定的经验,并逐渐内化为向海外异教徒传播福音的强烈意识,这种宗教惯习指挥、调动了马礼逊的社会实践,他选择编译出版《华英字典》正是其宗教惯习的具体外化与体现。

二、《华英字典》编译出版的资本构成

在社会实践过程中,行动者按照各自惯习展开活动,为了维护其地位和利益,必须通过争取有利资本获得权力。布迪厄指出:"资本是积累的劳动,当这种劳动在排他性的基础上被行为者或其集体占有时,就能使他们以具体的或劳动的形式占有社会资源。"[②]资本是行动者的原动力,不同形式的资本可以为拥有者带来相应的特权,更可以确保建构社会的方式合法化。借助社会学的显微镜考察马礼逊《华英字典》的编译出版活动,不仅要分析其惯习形成,还必须探讨他作为行为主体可以利用的多种资本形态,它们共同构成了马礼逊的社会实践工具,成为字典编译出版的必备条件。

---

① 季压西.来华外国人与近代不平等条约[M].北京:学苑出版社,2007:108-109.

② BOURDIEU P. The forms of capital[M]//RICHARDSON J G. Handbook of theory and research for the sociology of education. New York: Greenwood Press, 1986:241.

（一）经济资本

经济资本是经济学中的概念，是其他类型资本的根源，可直接转换为资金或产权。[①] 经济资本的来源即所谓的“赞助人”，包括宗教、团体、政党、社会阶层、出版商，甚至报纸、杂志、电台等传播媒介，“足以促进或窒碍文学阅读、书写或重写”[②]。在马礼逊编译出版《华英字典》的活动中，英国东印度公司为他提供了相当数量的经济资本，充当了赞助人的角色。该公司通过提供金钱和职位，保障了马礼逊的稳定生活和辞书的顺利出版。马礼逊在华初期，由于中国禁止传教，只能困居于广州，经济上承受着巨大的压力，他在节衣缩食的同时，一再致信伦敦会，表示教会每年提供的 200 英镑薪水，根本不足以支付房租、伙食、雇佣、洗衣等生活开支。1809 年，经好友小斯当东举荐，马礼逊进入东印度公司广州商馆担任翻译，年薪为 500 英镑，而且商馆还提供马礼逊在广州的食宿以及来往广东、澳门两地的交通费用，使马礼逊逐渐摆脱了经济上的困窘。1812 年，东印度公司广东商馆聘用马礼逊为中文秘书，在翻译之外负责教职员学习中文，年薪加倍，达到 1000 英镑。[③] 这进一步减轻了马礼逊的生活负担，使他能够潜心编纂字典。另外，由于《华英字典》篇幅极大，印制出版需要花费巨额款项，远非马礼逊本人所能负担，伦敦会也无法募集。对此，东印度公司同样鼎力相助，为出版《华英字典》先后花费 10440 镑。[④] 美国传教士卫三畏对此曾评论：“如果不是东印度公司，他（马礼逊）的字典根本不可能印刷出来。”由此可见，英国东印度公司作为经济资本提供者所具有的重要意义。

（二）技术资本

东印度公司不仅负担了马礼逊的生活开支和字典印刷费用，还为字典的出版印刷提供了先进的技术支持。1812 年 11 月，马礼逊致信公司大班益花臣，

① BOURDIEU P. The forms of capital[M]//RICHARDSON J G. Handbook of theory and research for the sociology of education. New York: Greenwood Press, 1986:242.

② LEFEVERE A. Translation, rewriting and the manipulation of literary fame[M]. London & New York: Routledge, 1992:15.

③ 苏精. 中国，开门！马礼逊及相关人物研究[M]. 香港：基督教中国宗教文化研究社，2005:68.

④ 苏精. 中国，开门！马礼逊及相关人物研究[M]. 香港：基督教中国宗教文化研究社，2005:119.

简述了5年以来字典的编译情况，同时请求就近在中国印刷字典。然而，《华英字典》含中、英文两种文字，出版此类混排书籍在印刷技术上存在难度。19世纪初，中文活字多为木质手工雕刻而成，如果和金属英文活字夹杂排印，两者吸墨情况不同，难以保证页面美观整齐，木质活字经西式印刷机压印后也容易损耗。如按照西方传统工序逐一生产所需的8万至10万个中文金属活字，费时耗工，同样不可行。为此，马礼逊向东印度公司寻求技术援助，董事会充分认识到出版字典的重要性，满足了马礼逊的要求，雇佣并派遣通晓排字与压印工作的汤姆斯来华，同时提供印刷机一部、活字一副及其他零件若干。1814年9月，汤姆斯抵达中国后，东印度公司购置场地设立了澳门印刷所，经过实验，汤姆斯决定制造铸模，首先浇铸形体一致并和英文活字尺寸匹配的金属小柱体，再聘请中国工匠在柱顶平面逐字雕刻中文。中文活字的字面虽是手刻，但质地、尺寸与英文活字一致，能够保证印刷效果。1815年起，印刷所开始雇佣工匠铸造雕刻大小两套中文铅活字，至1823年10月，活字总数达到20万个。在上述技术资本的支持下，马礼逊编译的《华英字典》共印制了750部，大部分运至伦敦委托帕贝瑞公司经销发行。东印度公司专门设立澳门印刷所，利用技术优势制作了世界上最早的中文金属活字，以此支持马礼逊《华英字典》的印刷，为英国读者构建有关中国的相关知识提供了重要的渠道。

（三）文化资本

文化资本是指行动者对某种文化资源的占有①，并以非物质的形式表现为个人的文化、教育和修养等。马礼逊经过长期的社会习得，不仅掌握了传教必备的宗教知识，而且还精通汉语语言文化与印刷出版技术。为了占有这些文化资本，马礼逊投入了大量的时间和精力。以汉语语言文化知识的获得为例，早在来华之前，马礼逊就开始阅读天主教传教士撰写的有关中国的大量著作。在伦敦期间，他利用皇家学会所藏中文手抄本等学习了6个月左右的中文。到达广州之后，在李察庭、云官明、桂有霓等中文教师的指导下，他更是奋力苦学，不到9个月的时间，无论是官话还是广东方言都已达到可进行一般沟通的水平，

① BOURDIEU P. The forms of capital[M]//RICHARDSON J G. Handbook of theory and research for the sociology of education. New York: Greenwood Press, 1986:243.

来华一年后已经可以研读《四书》。此外，为了积累字典编纂所需的书面语料，马礼逊广泛收集汉籍，包括儒经正本、史书传记、天文算法、中医中药、地理文献、宗教文献、文学作品等多种类别，共计 826 种，这些藏书成为马礼逊获取文化资本的重要渠道。学习中文之余，马礼逊还关注中国的印刷出版情况，亲自实践印刷技术和方法。他曾研究过中国木刻板印的源流，甚至设法获得整套工具，学习雕版技术并总结出诸多优点，驳斥了雪兰坡传教士对木刻板印的不实报道。对手刻活字、铸字、石印技术，马礼逊也拥有丰富的实践经验。为着手出版《华英字典》，他两次详细记载《京报》的出版发行情况，在 1808 年 4 月期间几度打听印刷的市价行情，这些一手信息作为文化资本的价值难以估量。如果说经济、技术资本以外力作用于马礼逊，上述文化资本则对他编译《华英字典》发挥了潜移默化的内在影响。

三、《华英字典》编译出版与英国汉学场域的建构

《华英字典》针对西方人学习汉语的需求编纂而成，将汉字词目的形检和音检有机结合，为词典使用者提供了完备的检索查阅方式。为满足西方人借助母语学习中文的要求，《华英字典》中所有的汉字、词组、例证等全部注音，并且都是中英对照。在汉字词目翻译方面，马礼逊善于从本国语言学传统出发，对汉字义项重新归类与增减。以字典第一部编译为例，马礼逊并非依据《康熙字典》释文直译，而是基于西方读者的语言背景和认知基础，按照英语语法框架确定各个义项的语法功能，并结合语义进行解释和翻译。整体而言，《华英字典》的编译“绝非简单地从一本书复制到另一本书，或仅从一种语言翻译到另一种语言；自始至终，它都是判断和选择的实践过程。”①《华英字典》不仅在宏观结构、微观结构上体现出编纂者独立的思考与创新，在内容方面更是囊括中国文学、戏曲、历史、宗教等诸多方面，英文例解常引自《论语》《红楼梦》等中文作品，如 learn（学习）的例句为“学而不思则罔，思而不学则殆”，face（脸）的例句为“平儿自觉面子上有了光辉”。《华英字典》堪称一部中国文化百科全书，“使后人之习

① 司佳. 近代中英语言接触与文化交涉[M]. 上海：上海三联书店，2016：85.

华文汉语者，皆得借为津梁，力半功倍”①，因此一经出版便引起各界的强烈反响。法国著名汉学家雷慕沙评价其“比起任何同类著作来说，其优越性都是无可比拟的”，蒙杜齐认为其“对欧洲学者的作用远胜过上个世纪所有传教团印制的著作和手稿”②，马礼逊的拓荒之功由此可见一斑。对汉语的学习和研究是汉学研究的基础，马礼逊在《华英字典》序言中积极呼吁欧洲政府为汉语学习提供资助，还创办了广州商馆汉语学习班、教英华书院、伦敦语言学校等中文教学机构并亲自教授汉语课程，培养了德庇时、基德等一大批汉语人才，为19世纪早期英国汉学场域的构建作出了不可忽视的基础性贡献。

马礼逊耗时13年将《华英字典》编译而成，他既是词典的编纂者，更是一名文化观察者。受宗教惯习影响，他将编译词典视为了解异域文化、服务宗教布道的关键路径。在英国东印度公司的赞助下，他积累了充足的资本，将有关中国语言文化的本土信息成功传递了出去，满足了西方国家因殖民、贸易扩张而对东方世界产生的好奇心理，进而初步构建起英国汉学场域。运用惯习、资本和场域等社会学概念分析《华英字典》编译出版的动因、条件与影响，有助于从翻译文化史的角度审视马礼逊及其译作的价值，也能为当前中国文化走出去提供历史借鉴。

第四节　马礼逊的多歧文化态度与中国典籍英译实践

马礼逊是基督新教第一位来华的传教士。他于1807年9月抵达广州后，在传播福音的同时，积极创办英华书院等教育机构，率先将西方铅印技术用于中文印刷，编辑出版了《华英字典》等大型工具书，在19世纪中西文化交流史上成绩斐然，被誉为“英国汉学先锋人物”③。在华期间，马礼逊不仅以文字传教、医学传教、教育传教等模式向中国输入西方文明，而且还自觉地向外输出中国

① 顾长声. 传教士与近代中国[M]. 上海：上海人民出版社，2013：23.

② 汤森. 马礼逊：在华传教士的先驱[M]. 郑州：大象出版社，2002：111.

③ 陈树千. 马礼逊“越洋书箱”与十九世纪英国汉学[N]. 光明日报，2016-08-24(14).

文化，将大量中国典籍作品译介到英语世界。作为典型的“侨居地译者”，马礼逊深受译入语与译出语文化的影响，对两种文化的地位及关系有着深刻的认识，并在此基础上形成了特定的文化态度。本节以此为切入点，从翻译选材及翻译策略入手，分析马礼逊的文化态度对其典籍英译实践的影响。

一、译者的文化态度与翻译

态度是社会心理学中一个宽泛的概念，特指对人、事物或概念带有认知情感成分或行为倾向的持久看法。美国心理学家奥尔伯特认为态度是一种心理的或神经的准备状态，以过去的经验为基础，有指导个人对有关对象做出反应的作用。态度在很大程度上影响人认识和看待事物的成效，它建立在人的信仰之上，由人的价值观所指引。① 翻译不仅仅是语言文字的转换行为或活动，更是为了“将某一特定文化下的生活方式、风俗习惯、态度、心态与价值观传输给其他文化”②，正如唐代贾公彦在《周礼义疏》中所云：“译即易，谓换易言语使相解也。”作为跨文化交际活动的直接参与者，译者在沟通源语文化和目的语文化的过程中，对两者的地位及关系必然有一定的认知，并以此为基础对特定文化形成一种持久的评价、好恶以及行为倾向，这也就是译者的文化态度。

“译者的文化态度”这一概念最早由王东风提出，他在《翻译文学的文化地位与译者的文化态度》一文中，将译者比作代表特定文化势力的谈判代表，认为译者对某种文化或敬或鄙的态度反映了其对目的语及源语文化地位根深蒂固的理解，制约着译者对拟译文本的选择，“是译者选定特定翻译策略的社会语用根源”③。长期以来，翻译研究领域认为“译者身处异域文化和目的语文化之间，必然对其中之一更为认同和看中”④，而译者主观文化态度的差异为考察翻译文学系统中不同翻译策略并存现象提供了新的视角：认同源语文化价值的译者往往会采取异化翻译策略，而重视本土文化传统的译者多采用归化策略。

事实上，译者文化态度的形成是一个复杂的思想建构过程，它体现出译者

① 陈国明，安然. 跨文化传播学关键术语解读[M]. 北京：中国社会科学出版社，2010：6.

② 谢天振. 隐身与现身：从传统译论到现代译论[M]. 北京：北京大学出版社，2014：233.

③ 王东风. 翻译文学的文化地位与译者的文化态度[J]. 中国翻译，2004(4)：2-8.

④ 王岫庐. 译者文化态度的多歧性及其对翻译过程的影响[J]. 中国翻译，2014(4)：25.

在翻译活动中的自我定位，综合了“译者对‘他者’文化的探求、对自身文化的返身观照以及两相对比之下形成的文化认同和价值判断”①。译者的文化态度不是对特定文化简单地肯定、认同或是否定、排斥，而是在“交互文化”（interculture）中动态建构而成的多元认同，具有多歧性特征：一方面，译者难以割舍对母语文化的情感；另一方面，作为跨语际文化传播者，译者必然受到拟译文本背后源语文化的影响。译者多歧性的文化态度直接影响了译者对翻译文本及翻译策略的选择，从这一角度进行相关分析有助于深入理解翻译过程的复杂性。

二、马礼逊的多歧文化态度与翻译选材

翻译选材始终是翻译工作的头等要义，拟译文本的选择常会受到社会、文化、政治和意识形态因素的制约，但对翻译选材起决定作用的因素仍然是译者主体。马礼逊选择翻译中国典籍与其文化态度有着极大的关系。具体而言，马礼逊对源语文化的态度、对目的语文化的态度以及对两种文化之间关系的态度影响了他的翻译选材。

（一）宗教文化态度与民间通俗作品英译

对于新教传教士来说，基督教是唯一真正的宗教，其教义具有超越国家和民族的普世主义价值，他们甚至强调，是否接受基督教是衡量一个民族文明程度的尺度。因此，“向异教徒和其他未开化的民族”②传播福音是新教传教士的崇高使命。以传教士身份来华的马礼逊对此也深信不疑，在面对中西文化冲突，特别是宗教文化冲突时，他同样认为基督教优于“异教”，基督教国家的社会制度、道德水准和物质文化高于“异教”国家。在《马礼逊回忆录》中，他曾描述1807年9月8日至广州途中所见中国民间烧香的情景：“大约8点，当我从他们的小船旁经过时，看到他们用数千根像火柴似的小棍以祭奠他们的虚构的神灵。”在同年11月4日的书信中，马礼逊又提到：“中国的宗教仪式非常荒废和

---

① 王岫庐．译者文化态度的多歧性及其对翻译过程的影响[J]．中国翻译，2014(4)：22.

② 吴义雄．在宗教与世俗之间：基督教新教传教士在华南沿海的早期活动研究[M]．广州：广东教育出版社，2000：459.

繁复。他们这条街供奉着一个鬼神，另一条街却供奉着另一个鬼神，总是烛火通明，还在偶像前奏乐、唱戏，放置水果、酒、糕点、禽类和烤猪等，同时点燃蜡烛、香、纸和爆竹。我曾见他们向满月跪拜，给他祭酒并且敬献水果。其中的细节不能一一详举。”[①]此类记载在其回忆录中比比皆是，从中不难看出马礼逊的传教士身份决定了他对源语和目的语宗教文化的态度，他以基督教文明为参照，对中国宗教文化表现出了明显的鄙夷态度。

为了满足在华传教的功利性目的，马礼逊从清刻本《三教源流搜神大全》第七卷中择取词条“释氏源流”和“道教源流”，从《三教择录》选择“戒食牛肉报应案十四条”等反映中国民间宗教信仰的文献，译为英文后收入通俗文学译文集《中国春秋》，并于1812年出版。马礼逊为了让中国人整体性的性格缺陷与中国宗教伦理的偏差发生关联，选择译介中国民间通俗作品，其中有大量内容集中反映了中国下层社会群体五花八门的宗教信仰，借此宣传、诋毁“低级”异教，为基督教在华传播寻找充足的理由。

（二）多元文化态度与儒家经典作品英译

1793年，借给乾隆皇帝贺寿的机会，英国使节马嘎尔尼率团访华，企图叩开中国大门为英国开辟新的海外市场，却因觐见时未向中国皇帝行三跪九叩之礼引发礼仪之争，从而导致此次外交失败。1797年，使团成员大斯当东出版了《英使谒见乾隆纪实》一书，详细记叙在华所见所闻，其中塑造的中国负面形象成为英国人想象中国的依据，欧洲启蒙运动中塑造的“道德理性之乡”的中国形象已经逐渐隐退，并直接导致了19世纪欧洲人，特别是英国人对中国文化的成见。马礼逊来华之时，正值法国启蒙主义汉学观备受质疑之际。然而，马礼逊并未受到英国进步主义的左右。从知识论背景看，马礼逊来华前的“中国文化观”并非一片空白，他在伦敦会的帮助下，搜集并阅读了大量的法国汉学著作，其思想在很大程度上受到天主教传教士，尤其是以杜赫德为代表的法国耶稣会士影响。他们历来推崇中国文化的独特性，所传递的大量汉学知识成为马礼逊行前了解中国文化的基础。尽管19世纪初“进步的西方”已经超越了“停滞的

① 艾莉莎·马礼逊．马礼逊回忆录：第一卷[M]．北京外国语大学中国海外汉学研究中心翻译组，译．郑州：大象出版社，2008：82.

东方”，但马礼逊却主张应该保留不同文化之间的天然边界，欧洲人不应该按照基督教的宗教标准去看待中国的伦理文化，而应该在普世主义的框架下容纳中国文化，允许儒家等其他学说多元并存。[①] 作为多元文化论者，马礼逊高度肯定了中国的伦理价值，认为“在规范人的内心和行为方面，中国道德格言的影响，和欧洲人期望从基督教格言中得到的影响是一样的”[②]。他将中国人的“民族性”定义为“温和”“忍耐”“非暴力”“讲道理”，和西方民族竞争人格形成对比，不无滑稽地说：“当一个中国人还站着和人理论的时候，一个英国人已经把那人撂倒了，一个意大利人已经用剑刺上去了。不用说上述做法中谁更理性了。”[③]

为了引起西方读者对中国文化，特别是儒家文化的兴趣，马礼逊将他对中国伦理价值的肯定态度落实在翻译行为上。在马礼逊看来，儒教通俗读本《三字经》中的很多文句可以用来解释“四书”，因此他于1812年将《三字经》译介到英语世界，并在译文前言中介绍了中国蒙学教育的其他三本小册子：《幼学诗》《千字文》和《百家姓》，丰富了西方读者对中国儒家经典的认知。马礼逊还从西方科学角度理解《大学》中的儒家伦理，率先将这一经典翻译到英语世界。[④] 此外，马礼逊还翻译了《论语》的一部分，在其编纂的《华英字典》《中文会话及凡例》中也有众多反映儒家伦理教化思想的印证例句及英译内容。马礼逊承认中西文化之间的差别，主张人类文化是多元的，而不是单一的，他对儒家经典作品的选择和译介正是其多元文化态度的直接体现。

三、马礼逊的多歧文化态度与翻译策略

翻译策略的影响因素向来是翻译学界探讨的热点。多元系统理论认为，翻

---

① 李天刚. 论马礼逊的“中国文化观”[C]//李灵，尤西林，谢文郁. 中西文化交流：回顾与展望　纪念马礼逊来华两百周年学术研讨会论文集. 上海：上海人民出版社，2009：70.

② MORRISON R. A view of China for philological purpose containing a sketch of Chinese chronology, geography, government, religion and custom[M]. Macao: East India Company, 1817：122.

③ MORRISON R. A view of China for philological purpose containing a sketch of Chinese chronology, geography, government, religion and custom[M]. Macao: East India Company, 1817：124.

④ 张西平. 马礼逊第一本《大学》英译翻译初探[G]//滕文生. 国际儒学研究通讯：创刊号. 北京：生活·读书·新知三联书店，2015.

译策略的选用在很大程度上取决于翻译文学在目标文化多元系统中的地位。①“译者的文化态度”这一概念提出后,关注的焦点转移到“直接实施特定翻译行为的主体上”②,但多数研究仍未摆脱二元对立的窠臼,认为译者的文化态度决定了翻译策略或是异化、或是归化。实际上,受文化态度多歧性的影响,译者不可能采取完全绝对的异化或归化策略。在马礼逊的典籍英译实践中,异化和归化两种翻译策略同时存在并呈交融状态。

(一)异化的主文本翻译策略

异化翻译是美国学者韦努蒂提出的译学术语,这一策略以源语或者原文作者为归宿,主张保留源语中与目的语相异的要素,提倡译文应尽量去适应源语的文化及原作者的表达习惯,要求译者在向作者靠拢时着眼于民族文化的差异性,并保持原有的“异国情调”③。考察马礼逊的典籍译作可以发现,译者在处理主文本时主要使用了异化翻译策略,坚持以直译为原则,如实呈现文化的多元性,以便保存和反映译语民族特性和语言风格。

马礼逊的译文尽量做到按照字面意思翻译,避免在主文本的翻译中加入过多解释,以免意思失真或过于复杂而误导读者。正如译者在《大学》译本前言中指出:“对文本的直译,目的不仅是传递出原文的意义,更是要体现原作的风格和形式。”这种异化策略翻译策略同样应用于《三字经》英译本中,对原文中的人名、书名及意义复杂词汇,马礼逊或是直接译其读音,或是按字面意义译出而未作过多解释。例如,他将“昔孟母,择邻处。子不学,断机杼”翻译为“In ancient times, the mother of philosopher Meng-Tsi, lived in a neighbourhood, where the boy did not learn; inconsequence of which, through grief, she cut asunder the web which she was weaving”。“孟母三迁”的故事在中国可谓家喻户晓,但马礼逊并未解释其丰富的文化内涵。对文化负载词“断机杼”,译者也只是将其直译为“cut asunder the web which she was weaving”,让读者感受不同的民族情感,体会民族文化、语言传统的差异性,从而有利于文化交流,丰富译文语言

---

① EVEN-ZOHAR I. The position of translated literature within the literary polysystem[J]. Poetics Today, 1990 (1): 45-51.

② 王岫庐. 译者文化态度的多歧性及其对翻译过程的影响[J]. 中国翻译, 2014(4): 23.

③ VENUTI L. The translator's invisibility[M]. Routledge: London & New York, 1995: 20.

的表现力。作为一名虔诚的基督教徒，马礼逊深受基督教神学观念的影响，在翻译“他者”的文献时，崇尚的是对原文内容和形式的忠实，这也正是他运用异化策略翻译主文本的原因。同时，马礼逊的翻译活动是为传教服务的，只有将反映中国文化的作品原汁原味地呈现在西方读者面前，才能体现出文化的异质性，因此异化翻译是马礼逊必然的选择。

（二）归化的副文本解读策略

归化是与异化相对的概念，以目的语或者译文读者为归宿，倾向于用目的语本身的要素替代源语中相异的要素，从而保证译文通俗易懂。归化翻译把读者置于首位，采取目的语读者所习惯的表达方式传达原作内容，并用目的语读者熟悉的语言和文化表达源语信息。马礼逊的典籍译作除主文本以外，还包含了大量的副文本，如“译序、原文本信息、译者、出版者或者其他人推介评论等伴随译本的各种文字资料”[①]。译者借助这些副文本对所译内容进行背景交代并作相关介绍，其中有相当一部分是对中国哲学思想、政府运作、宗教风俗等方面的负面评价。

在《中国文献译文集》中，马礼逊对“上天之心为仁与爱”作了如下点评：“这句话说得好，人格化的上天好像就是上帝，这是我们熟悉的理念。但他们常将天和地并置，并用让我们困惑不解的方式对其人格化，使其归于世俗。”[②]在一则军事训令的译文后，马礼逊对中国军人进行了负面评价：“同为异教者的古罗马议会和政府比中国政府更加尊重不朽的神，北美野蛮的士兵也不如中国军人卑下；克伦威尔和穆罕默德尚能用宗教信条和来世希望使士兵变得勇敢，而中国士兵则只是畏惧丧命而被迫战斗。”[③]诸如此类的评论性副文本在马礼逊的典籍译作中频繁出现，不自觉地体现出译者所怀的文化优越感。从评价立场和策略来看，多是从基督教文明及西方文明视角出发而作的归化阐释。究其原因，一是为了揭示当时中国的黑暗面，塑造黑暗腐朽的“异教世界”形象，建立传

① 邓联健.委曲求传：早期来华新教传教士汉英翻译史论（1807—1850）[M].北京：清华大学出版社，2015：87.

② MORRISON R. Chinese miscellany; consisting of original extracts from Chinese authors, in the native character[M]. London: London Missionary Society, 1825:32.

③ 邓联健.委曲求传：早期来华新教传教士汉英翻译史论（1807—1850）[M].北京：清华大学出版社，2015：154.

教的合法性，并获得母国教会及世俗力量的支持；二是为了使译文更透明、通顺、易懂，确保译文表达的形式和内容在读者对现实世界了解的知识范围之内，尽量减少语言和文化上的障碍。

在马礼逊的翻译实践中，其文化态度对典籍的跨文化传播有着潜移默化的影响。作为早期在华新教传教士的代表，马礼逊对中国的宗教文化持否定态度，因此他选择译介中国民间通俗作品，以此凸显社会落后与宗教信仰偏差之关联。但作为多元文化论者，马礼逊对中国儒家伦理持肯定态度，因此他选择译介儒家经典，试图以“孔子加耶稣”的思路传教。马礼逊的文化态度是一个复杂的矛盾体，具有典型的多歧性特征，这决定了其典籍翻译策略不可能是单纯的异化或归化，只能是两者的综合运用。探究译者的文化态度，在此基础上分析译者的翻译选材与策略，有助于深化翻译主体及翻译行为研究。

第四章　汉学家小斯当东中国典籍英译研究

小斯当东[①]于1781年5月26日出生于英格兰南部城市索尔兹伯里，祖籍爱尔兰。父亲曾担任马德拉斯政府总督马嘎尔尼的机要秘书，代表东印度公司与印度南部蒂普苏丹展开和约谈判，化解了英国人在印度的财产安全危机，由于贡献突出受封准男爵爵位。1793年，英国政府派遣以马嘎尔尼为首的使团访华通商，年仅12岁的小斯当东跟随担任使团副使的父亲同行，开始接触中国的语言文化和民俗风情。中国之旅结束后，小斯当东在父亲的安排下于1798年4月入职英国东印度公司广州商馆。1800年抵华后，他凭借出色的中文表达能力，先后担任基层的书记员、中层的货监人员，后进入高层"决策委员会"，并于1816年升至商馆大班。返回英国定居前，小斯当东侨居中国长达16年之久，他在处理对华贸易、外交事务等方面积累得了丰富的经验，成为英国早期

① 小斯当东，又译作乔治·托马斯·斯当东，其父乔治·伦纳德·斯当东准男爵(Sir George Leonard)，被称为大斯当东、老斯当东等。

"中国通"里的佼佼者,被誉为"英国汉学之父"。[①] 自幼接受博雅教育并通晓多国语言的小斯当东对中国典籍表现出了极大的关注,先后翻译了《大清律例》《异域录》等书籍,译著所提供的有关中国法律、外交政策的材料丰富了英国人对中国的认知。对小斯当东的典籍英译活动进行个案考察,可以很明显地感受到彼时英国上流社会知识分子考察中国社会的务实眼光。

第一节 小斯当东与中国法律典籍英译

清朝统治者入关后逐渐认识到制定统一的国家大法对稳固统治具有重要意义。顺治年间,《大清律集解附例》的颁布标志着清朝第一部国家成文法典正式问世。康熙执政期间制定了《钦定六部现行则例》,由此开始了清朝以例补律、律例相互为用的立法时期。雍正在位时大规模增修调整顺治、康熙时期的律例,正式颁布《大清律集解》和《大清律例增修统纂集成》,律文内容趋于固定。乾隆即位之初下令对《大清律集解》重新考证修订,删除总注,逐条详校,于乾隆五年(1740 年)冬修成《大清律例》并颁行天下,这标志着清代立法的成熟化与定型化。[②] 小斯当东于 1800 年接触《大清律例》,但因回国处理父亲后事等缘故,翻译工作并未正式启动。直到 1806 年夏,他在澳门度假时才全身心投入此书的翻译工作。1808 年,在第二次返回英国途中,他完成了全书的翻译,以 500 英镑的价格将版权出售给英国著名书商卡德尔和戴维斯印书馆。1810 年,小斯当东的《大清律例》英译本在伦敦正式出版,为四开本,共 673 页,其中封面、封底和译者序言长达 35 页,目录 25 页,正文前引文及图表 13 页,正文 476 页,附录 93 页,索引 11 页。译者参考的《大清律例》版本至少有两种:一种是嘉庆四年(1799 年)的律例印本,另一种是嘉庆六年(1801 年)颁行、嘉庆十年(1805 年)刻印的《大清律例重订辑注通纂》。[③] 小斯当东英译《大清律例》是西方人首

---

① 关诗珮. 英法《南京条约》译战与英国汉学的成立:"英国汉学之父"斯当东的贡献[G]//王宏志. 翻译史研究:2013. 上海:复旦大学出版社,2013:128.

② 王宏治,郭成伟. 中华文化通志:法学志[M]. 上海:上海人民出版社,2010:102.

③ STAUNTON G T. Ta tsing leu lee[M]. London: T. Cadell & W. Davies, 1810:lxiii.

次将中国法律原典直接翻译成英文,“标志着英国从欧洲大陆文字转译中国文化典籍历史的结束,中英之间直接对话与交流的开始”①。

一、偶然中的必然:《大清律例》翻译的缘由

(一)“朴维顿号”事件的推动

马嘎尔尼使团外交失败后,英国政府开始向清廷施加军事压力。1800 年 2 月 10 日,英国军舰“朴维顿号”(Providence)从伶仃洋违令驶入虎门,停泊黄埔。夜间,英国船员怀疑前方一艘中国民船企图割断其缆索,遂向民船开枪射击,导致华人一死一伤。粤海关监督佶山闻讯后谕总商潘致祥及英船保商刘德章等,传令英国大班交出凶手。英方船长狄力士(Captain Dilkes)偕同证人来到广州,与广州知府、海南县令、番禺县令等会审此案。英方以中国船民有偷窃嫌疑为由,竭力为凶手开脱;中国官员起初坚持严惩凶手,后态度有所转变,鉴于伤者未死、死者系自行失足落水而亡,两广总督吉庆谕令英国人以后不得随意放枪,此案遂结。② 案件审理期间,小斯当东的作用不可小觑。虽然他当时仅任英国东印度公司广州商馆书记员一职,但大班霍尔(Richard Hall)对其中文能力极为信任,指示他翻译状词、粤海监督谕令、船长应答及其他大量的往来文书。由于英方不信任广州通事,小斯当东还被商馆大班指派作为“唯一的传译人员”参与案件庭审和相关会议,③有效促成了英中双方的沟通交流,最终协助东印度公司成功地解决了纷争。在参与案件审理的过程中,小斯当东发现中国官员经常引用法律条文,便建议大班霍尔请求两广总督吉庆提供审理案件所依据的清朝律法,供英国人参考以避免触犯法律。但吉庆以事关国体,未经皇帝批准不得擅自让外国人查看为由,拒绝提供大清律法全文,仅仅摘录了 6 条可能与洋人有关的法例并刻印 100 份交予商馆人员:① 疑窃杀人,即照斗杀论,

① 赵长江.法律文本翻译的双重性:文化交流与信息泄漏 以 1810 年《大清律例》英译为例[J].民族翻译,2012(3):21.

② 许地山.达衷集:鸦片战争前中英交涉史料[M].北京:商务印书馆,1931:188-193.

③ 王宏志.斯当东与广州体制中英贸易的翻译:兼论 1814 年东印度公司与广州官员一次涉及翻译问题的会议[J].翻译学研究集刊,2014(17):235-236.

拟绞。② 将鸟枪施放杀人者，以故杀论，斩；杀(伤)人者，充军。③ 罪人已就拘执，及不拒捕而杀之，以斗杀论，绞。④ 诬良为窃，除实犯死罪外，其余不分首从，充军。⑤ 误伤人者，以斗殴伤论，验伤之轻重，坐罪。⑥ 酗酒生事者，该发遣者，具发烟瘴地方为奴。[①] 承担上述法律条文翻译任务的仍是小斯当东。这一偶然事件为小斯当东接触中国法律提供了宝贵的机遇，此后短短数月他对中国法律的兴趣日渐浓厚。是年 3 月月底，小斯当东通过其他途径获得《大清律例》24 卷，11 月时取得全书 144 卷，并由此生发翻译法典的强烈愿望。由于《大清律例》“涉及的主题意义重大，制定之初就具备绝对的权威”[②]，翻译此书有助于“深入了解中国内政和其特殊法律的原则、实施情况和效果，以及中国政府的体系和构成”[③]，不仅能为东印度公司在华贸易提供必要的法律资讯，更能为保护在华英国侨民的生命财产安全服务，小斯当东的翻译动机完全符合当时英国政府的利益。

（二）惯习的作用

考察小斯当东的成长历程不难发现，他翻译《大清律例》既是偶然，也是必然，其翻译动机与自身惯习的形成有着重要关联。所谓惯习，“是一种生成性的行为准则，是适应特定领域要求的一种反映，它不仅是个人历史的产物，而且受婴儿早期经历的影响，还是整个家庭及阶层集体历史的产物。”[④] 自少年时代起，小斯当东就在父亲的精心安排下跟随家庭教师系统学习拉丁文、法文、希腊文等多门外国语言，并通过游历增长见闻。尽管他在 15 岁之前并未接受过正规的学校教育，其语文程度却远高于同龄孩子。父亲大斯当东担任马嘎尔尼使团副使后，受命赴欧洲大陆寻找翻译人员，最终在意大利那不勒斯传道会所办的文华书院寻觅到两位通晓中文的翻译人才。小斯当东以见习侍童身份参加了马嘎尔尼使团，来华途中，他跟随使团雇佣的两位华人翻译学习汉语，在短短半年时间内取得了较大的进步。由于他的汉语发音清晰、声调准确，使团初次与前来迎接的中方官员接触时，他便担任翻译并取得不错的效果。此外，他还

---

① 萧致治，杨卫东. 西风拂夕阳：鸦片战争前中西关系[M]. 武汉：湖北人民出版社，2005：267-268.

② 斯当东. 小斯当东回忆录[M]. 屈文生，译. 上海：上海人民出版社，2015：207.

③ 斯当东. 小斯当东回忆录[M]. 屈文生，译. 上海：上海人民出版社，2015：205-206.

④ 芒迪. 翻译学导论：理论与应用[M]. 李德凤，等译. 北京：外语教学与研究出版社，2014：224.

曾协助翻译使团的礼品清单，负责誊写使团交给清廷的中文文书，其字体工整清晰之程度令清政府官员称奇。值得一提的是，小斯当东是使团觐见乾隆皇帝时唯一能与乾隆皇帝用汉语交流的英国人。由于他中文表现不俗，乾隆帝亲赐折扇与荷包，以示特殊礼遇。为表示感谢，小斯当东用中文致信乾隆皇帝，深得乾隆皇帝欢心。担任英国东印度公司广州商馆书记后，他继续跟随中国人学习中文，不仅每天抽出两小时练习中文对话和阅读，还通过翻译《邸报》锻炼中文能力。上述事实表明，小斯当东在中文学习方面确实很有天赋，在与他人交往的过程中，他乐于使用汉语。这种心智选择其实是小斯当东的一种生活方式，是他通过早期经验积累和个体发展形成的一种世界观，也正是这种语言惯习促使小斯当东将翻译作为英中沟通的重要路径。

（三）场域的影响

除惯习因素外，汉学场域也是影响小斯当东选择《大清律例》进行译介的重要因素。汉学作为一门研究中国的专门科学，始于 16 世纪以降入华传教士的传教活动。意大利、西班牙、葡萄牙等国传教士在宣传福音、实地考察中国的过程中留下了大量“中国纪行”“中国报道”之类的著述并传入欧洲，但基本上属于传教活动的副产品。1685 年 3 月，法国太阳王路易十四派遣洪若翰（Jean de Fontaney，1643—1710 年）、张诚（J. Fr. Gerbillon，1654—1707 年）、白晋（Joachim Bouvet，1656—1730 年）等 6 名有“皇家数学家”之称的传教士到中国考察。他们仍然肩负传播教义、吸引信徒的任务，但已经将主要精力放在研究中国上，他们或实地考察，或翻译经典，或著书立说，热情地向西方世界传播中华文明，以期为欧洲发展提供科学、文化方面的借鉴。由于这些法国传教士大多具有学者背景，他们的研究视野开阔，研究方法科学，研究成果涉及中国历史、地理、民族、文学、民俗等诸多方面。与之前的意籍、西籍、葡籍传教士相比，法国传教士对中国的研究逐渐摆脱了宗教局限，学术性更强，推动了欧洲汉学从业余化向职业化的转变。相比之下，远离欧洲大陆的英国受地理条件限制和宗教独立的影响，对中国的研究长期处于落后状态。同时期的英国仍然停留在“前汉学”的洪荒阶段，英国本土学者无法像欧洲大陆传教士那样前往中国，只能通过邻国辗转获得有关中国的二手材料，间接了解中国的情况。为了扭转英国汉学相对落后的状态，以小斯当东为代表的东印度公司职员选择翻译了大批中国作品。以《大清律例》的翻译为例，小斯当东对早期耶稣会士营造的过于美好的中国形象表示怀疑，他在英译本序言中指出："虽然传教士能够接触到一切引人关注的事件，获取重要的信息来源，并有足够的才能对它们进行描述，我们却常常发现，他们的作品严重缺乏公正性和辨别力，因此不少记叙内容的真实性令人担忧，有时候某些错误和失实记录还会导致他们的描述前后不一致。"① 可见，小斯当东希望通过翻译《大清律例》将真实的中国形象展现在西方人面前，借此批判早期传教士的汉学研究。

此外，译者还指出："尽管深谙中文的传教士能够研读和翻译中国古代诗人、历史学家和哲学家留下的晦涩难懂、充满争议的作品……不得不承认的是，很多除此以外的资料，比如那些提供大量事关中国现状的民事、政治和法律制度的出版物，常常被传教士忽略了。"②不难发现，小斯当东所指的传教士即法国的汉学家代表，他们"从一开始就专注中国经典文化，他们的翻译也体现了这种品味：中国上古史片段、儒家经典、道教和佛教思想也占据了翻译的主体。"③ 小斯当东不仅直指法国汉学家陈腐学究式的研究的弊病，还通过选译极具实用价值的《大清律例》与法国汉学家展开竞争。正如译者所言，他之所以翻译这部作品是因为"亲眼目睹了许多没有必要的挑衅、毫无依据的逮捕，以及令人尴尬的讨论，凡此种种都归咎与一个原因：自从我们与中国人开展重要的商业和国家交往以来，我们对中国的法律精神就存在错误的或不完善的认识。"④而《大清律例》作为规范的法律规范体系，能够"简明地解释中国政府的独特体系、组织结构及国内政策的基本原则，国民习惯和性格与它们的关系，以及它们之于中国人总体情形的影响"⑤，有助于英国政府了解中国的司法制度及国家机器的运转机制，迎合了英国研究中国政治制度、扩张殖民版图的需求，为其确定相应的贸易与殖民政策提供了极具价值的实用信息。小斯当东的翻译选材注重文本的实用性，与法国学院派汉学大相径庭，一定程度上反映出英法汉学场域的对抗与较量。

---

① 斯当东. 小斯当东回忆录[M]. 屈文生，译. 上海：上海人民出版社，2015：200-201.

② 斯当东. 小斯当东回忆录[M]. 屈文生，译. 上海：上海人民出版社，2015：201.

③ ANDER J S. Retranslation as argument: canon formation, professionalization, and international rivalry in 19th century sinological translation[J]. Cadernos de Tradução, 2003(1): 65.

④ 斯当东. 小斯当东回忆录[M]. 屈文生，译. 上海：上海人民出版社，2015：220.

⑤ 斯当东. 小斯当东回忆录[M]. 屈文生，译. 上海：上海人民出版社，2015：197.

二、《大清律例》翻译的策略

（一）删节与改写

小斯当东试图借助翻译中国权威的立法文本，为英国解密中国法律和社会情况提供重要渠道，其翻译动机具有极强的政治功利性。为了向译语读者提供切实有用的法律信息，译者适当删节了原法典的内容。《大清律例》沿袭了我国封建法典律例合用的特点，律文是对各种罪行如何判处的原则性规定，比较概括、笼统，构成法典的主体，而例文相对细化，是对律文所作的更具针对性的补充条款，用以说明律文适用的具体情境。以乾隆五年(1740 年)颁行的版本为例，律文共计 436 条，所附例文却多达 1049 条。小斯当东着手翻译时就已经意识到该法典内容之庞杂，认为"《大清律例》是一部用简明中文写就的 2906 页 8 开本著作，详尽翻译其中所有内容——虽然这不能说完全不切实际，至少也是件大费周折的麻烦事。"[①]为此，译者在译本序言中阐明了"律"和"例"的定义，对两者的稳定性做了详细对比，由此总结出清朝立法的重要特征，即律文具有永久效力，可不经修改在后续版本中予以保留；例文可由政府因时制宜，进行修改。[②] 上述结论确属事实，《大清律例》成熟定型后，律文自乾隆五年便不再修改，完全固定下来，但例文会根据社会政治、经济形势和统计阶级的要求不断调整，基本的原则是五年一小修，十年一大修。[③] 逐次增加的例文既补充完善了律文的内容，也克服了律文与形势发展脱节的缺陷。为了让西方读者将阅读重心放在内容、数目相对稳定的律文上，方便他们把握中国法律的全貌，小斯当东将原书中的律文悉数译出，但对例文做了适度删节。所译为数不多的例文与谕旨、注释等材料合计 32 篇，共同构成了译本附录的主要内容。可见，小斯当东对《大清律例》内容的删节是在对中国法典仔细研究的基础上的有意为之。

除删节外，小斯当东还对原作进行了一定程度的改写。以《大清律例》卷首

① 斯当东. 小斯当东回忆录[M]. 屈文生，译. 上海：上海人民出版社，2015：217.

② 斯当东. 小斯当东回忆录[M]. 屈文生，译. 上海：上海人民出版社，2015：18.

③ 杜家骥. 杜家骥讲清代制度[M]. 天津：天津古籍出版社，2014：431.

图表为例，原法典中有图表八种，其中“纳赎诸例图”“过失杀伤收赎图”“徒限类老疾收赎图”和“诬轻为重收赎图”四图是各刑罚种类等次以银、谷折赎之图表，专门针对老幼、废疾、天文生、妇人等特殊罪犯、特殊罪行或较轻罪行，规定判刑后可用钱、物赎罪。译者并未将上述四图逐一译出，而是综合了相关收赎办法，仅以一幅图表的形式翻译出来。从图表体例看，英文图表行列的排版与中文图表相反，译者还调整了部分内容的排列顺序。例如，在图表“过失杀伤收赎图”中，对“过失杀”“废疾笃疾”“折伤以上”“折伤以下”四种罪行所收的赎金自上至下逐次递减，译者为统一图表体例，不再详细区分四种类型的过失杀伤罪，所收赎金的排序也与原本相反。从技术角度考虑，译者若要如实呈现中文表格的形式与内容并非难事，但他依据英语读者的阅读习惯改写了原法典中的表格，将文字内容通过行的形式呈现，将数字信息通过列的形式表达，在很大程度上反映出译者为实现图表本土化所做出的努力①，这也正是译者归化翻译策略的具体表现。

（二）阐释与异化

为了有效传递《大清律例》包含的实用法律信息，“自始至终，译者时刻牢记的首要目标就是用合适、易懂的语言传达出每条每段的完整含义。换言之，就是尽可能地在不可靠、不准确的意译，以及缺乏文采、不合文法的直译之间找到一个平衡点”②。考察小斯当东的英译本不难发现，为了传递原作本身的意义，对未删节的法典内容，译者在翻译过程中灵活运用了多种翻译策略。

一方面，译者认为“自己有责任保证这部译作的准确性”③，他将“用合适、易懂的语言传达出每条每段的完整含义”确定为翻译的首要目标④。为此，小斯当东仔细研究雍正帝对相关律文的注释，阅读评论家对整部法典所作的深度阐释，有效避免因法律条文过于简洁或繁琐而产生理解上的偏差。在实际翻译过程中，译者并非严格遵循原文句法字字对应，而是尽可能扬长避短，采取归化的策略侧重对原作具体内容的传递。例如，小斯当东将“十恶律文”之一“谋反，

① ANDRE J S. “But do they have a notion of justice?” Staunton’s 1810 translation of the great qing code[J]. The Translator, 2004(1):10.

②④ 斯当东. 小斯当东回忆录[M]. 屈文生，译. 上海：上海人民出版社，2015:218-219.

③ 斯当东. 小斯当东回忆录[M]. 屈文生，译. 上海：上海人民出版社，2015:220.

谓谋危社稷”译为:“Rebellion, is an attempt to violate the divine order of things on earth; for as the fruits of the earth are produced in regular succession under the influence of the presiding Spirit, so is their distribution among the people regulated by the Sovereign, who is the sacred successor to the seat of his ancestors; resisting and conspiring against him is, therefore, an unspeakable outrage, and a disturbance of the peace of the universe.”

细读译文内容不难发现,译者对“社稷”一词的翻译极具特色。“社稷”在中国语言文化中蕴含着丰富的意义与功能。社,原是古人祭祀土地神的场所,中国古代从天子到诸侯,凡有土地者均可立社,土地不多的普通乡民往往集体立社。随着历史的发展,社逐渐成为土地神的代称。稷,源于古代主管农业的官职稷正,后代指谷神。自西周起,人们将土地神与谷神合称为“社稷”一并设坛祭祀。社稷坛位于皇宫之右,与皇宫之左的宗庙相对,同为国家祭祀重地。因古代帝王常在社稷坛祈求国家太平、五谷丰登,故“社稷”一词逐渐成为封建君主及国家政权的象征。《疏议》曰:“社为五土之神,稷为田正也,所以神地道,主司啬。君为神主,食乃人天,主泰即神安,神宁即时稔。臣下将图逆节,而有无君之心,君位若危,神将安恃。不敢指斥尊号,故托云社稷。《周礼》云,左祖右社,人君所尊也。”[①]据此,“危社稷”就是图谋危害君主及统治政权的行为。“社稷”一词属于典型的文化专有项,“由于在目标读者的文化系统中不存在对应项目或者与该项目有不同的文本地位,因此其在原文中的功能和含义转移到译文时发生翻译困难”[②]。为解决这一难题,译者将“社稷”意译为“the divine order of things on earth”,在此基础上还充分解释了谋反被视为危害性最大、最严重的犯罪行为的原因,将其自然融入到译文之中,向译语读者准确传递了“社稷”一词的象征意义和文化信息内涵。首字母大写的英文词汇“Spirit”和“Sovereign”进一步点明“谋反”“谋危社稷”本质上是图谋危害君主及统治政权的行为。小斯当东在《大清律例》英译本序言中表示:“翻译过程中要尽量扬长避短,尤其应该侧重作品本身的意义;那么相比之下,具体内容的呈现方式就没那么重要了。”[③]为了实现传达源语文本意义的首要目标,译者采取意译和文内解释相结合的方法,造成英语译文偏长,单词数量多达 70 余个。与不到 10 个字的

① 乔伟.唐律研究[M].济南:山东人民出版社,1985:87.

② 张南峰.中西译学批评[M].北京:清华大学出版社,2006:189.

③ 斯当东.小斯当东回忆录[M].屈文生,译.上海:上海人民出版社,2015:207.

汉语律文原文相比，译文表面上貌似不忠，但却折射出译者选择翻译策略的良苦用心。

另一方面，"译者深知，即使尽全力也无法保证自己完全不偏离目标。但他相信，如果在拿捏不准时采用直译法，应该会得到读者的许可或至少是原谅"[①]。小斯当东的这一翻译主张在他对人名、地名、政府机构名称等专有名词的处理上体现得较为明显。例如，他将"顺治""康熙""雍正"分别译为"Shun-Chee""Kaung-Hee""Yong-Tching"，将"山西""山东""浙江""云南"分别译为"Shen-see""Shan-tung""Che-kiang""Yun-nan"，将"吏部"译为"Lee Poo"。准确地说，小斯当东所谓的直译其实是以音译为主，这种异化翻译策略一定程度上保留了源语文化的特征。

三、《大清律例》英译本的影响

《大清律例》英译本出版后，其受欢迎程度远远超出小斯当东的预期。《折衷评论》《学衡》《大不列颠批评》等英国重要刊物均登载书评盛赞了小斯当东译本的出版，译者的社会地位大为提升。1810 年 8 月，《爱丁堡评论》发表专文充分肯定该译本对英国开展对华贸易的重要意义："尽管英中两国的大规模贸易往来已有百余年的历史，但非常值得一提的是，眼前的这部著作应当是第一本直接从中文译为我们文字的著作。在我们看来，它不仅是译本罕有之书，它的内容本身至少也十分重要。正如本书的书名所示，它包含的是整个《中国刑法典》的真实文本……所以我们可以从中国的刑法附带看到中国的整个法制体系。迄今为止，肯定没有任何一部文献能像一国的法律体系一样，可让我们对这个国家的特点和状况形成可靠的判断；当他们的法律不是以断章残篇的形式，而是以一种原始、完整、不加修饰的真实状态呈现在我们的面前时，它们较其他任何渠道自然会提供更多的信息，因为这已不再是简单的褒扬或贬抑。"[②]此外，该文还对译者及其翻译特点作出正面评价："这样一部法典并不需要依赖风格的色调或点缀，所以译者不会故意捏造事实，进而使我们对原作作出正确

① 斯当东. 小斯当东回忆录[M]. 屈文生，译. 上海：上海人民出版社，2015：219.

② 斯当东. 小斯当东回忆录[M]. 屈文生，译. 上海：上海人民出版社，2015：45-46.

的理解造成障碍……我们不但有理由相信它的译文绝对地公允、准确，而且我们能够发现译者本人具备的诸如性格直率、判断冷静等特点，也让我们对译作有了更大的期待。”[①]英国《每月评论》杂志同样高度评价了小斯当东的翻译工作：“我们向眼前这部作品致敬，这是他（指乔治・斯当东爵士）深入了解中国人以后收获的初步成果。我们不由地钦佩东印度公司的开明，以及译者本人在选题方面展示出的良好的判断能力。”[②]尤其值得一提的是，德国东方学泰斗裘里斯・亨利・克拉普罗特（Jules Henri Klaproth）于1829年在《亚洲杂志》发表文章评价了小斯当东的英译本：“经过与原版的仔细对比，我惊讶于译本的精确程度；作者让这部重要的作品面世，我没有忘记说，他是多么值得拥有这份荣耀。”[③]可见《大清律例》英译本的影响已从英国本土延伸至其他欧洲国家。上述评论赋予译者的声誉比他一生中经历的其他任何事件都要大[④]，进一步确立了小斯当东作为中国通的社会地位。

就译著本身而言，小斯当东的《大清律例》英译本作为法律工具书具有很强的实用价值。据译者回忆，威尔斯王子岛首席大法官拉尔夫・赖斯爵士（Sir Ralph Rice）一直将该法典适用于那里的中国人社区，香港首席按察司德庇时爵士（Sir John Davis）也将该法典作为手头必备的断案依据。[⑤] 同时，《大清律例》英译本正式出版后引发了英国人对中国法律的关注，经常被学界提及或引用。鸦片战争前，英国人依据小斯当东的《大清律例》英译本对中国刑法展开了众多研究。1833年，《中国丛报》刊登文章重点研究刑罚的诸多特征，由此总结出中国法律的等级性。1834年，该报刊登另一篇文章介绍《大清律例》中关于“六杀”的规定，认为中国法律具有明显的不公正性。汉学家德庇时在著作《中国人：中华帝国及其居民概述》中表示同意小斯当东对中国法律的评价，但也指出译者忽视了中国法典的缺陷。鸦片战争后，该译本仍是西方人研究中国法律的重要工具书，但随着贸易、传教活动日益增多，重心已经转移到针对民事案件律例和原则性法律的研究上。直至1899年阿拉巴德出版《关于中国刑法和同类性质论题的评注》之前，小斯当东《大清律例》英译本“在英国的东方学文献中占

---

① 斯当东. 小斯当东回忆录[M]. 屈文生，译. 上海：上海人民出版社，2015：46.

② 斯当东. 小斯当东回忆录[M]. 屈文生，译. 上海：上海人民出版社，2015：48.

③ 斯当东. 小斯当东回忆录[M]. 屈文生，译. 上海：上海人民出版社，2015：49.

④ 斯当东. 小斯当东回忆录[M]. 屈文生，译. 上海：上海人民出版社，2015：43.

⑤ 斯当东. 小斯当东回忆录[M]. 屈文生，译. 上海：上海人民出版社，2015：44.

据了一种非常牢靠且受人尊敬的位置"[①]，为英国学者研究中国法律提供了必不可少的参考资料，对汉学研究的深入发展起到了推动作用。

第二节 小斯当东与中国民族典籍英译

在中国典籍英译史上，小斯当东的另一重要贡献是将《异域录》首次译介到英语世界。《异域录》作者为图理琛(1667—1740 年)，又作图丽琛，字瑶圃，叶赫阿颜觉罗氏，满洲正黄旗人。康熙时期，先后在朝中任内阁中书、内阁侍读、礼部牛羊群总管等职。康熙五十一年(1712 年)四月，图理琛奉旨出使伏尔加河下游地区的土尔扈特部，问候阿玉奇汗并商讨遣返贝子阿拉布珠儿与家人团聚的相关事宜。是年五月，图理琛与伺读学士殷扎纳、理藩院郎中纳颜等自京启程，越兴安岭，过喀尔喀，假道俄罗斯，最终不辱使命，于康熙五十三年(1714 年)六月抵达阿玉奇汗颁发谕旨。次年(1715 年)三月还京后，图理琛将出使所见所闻编纂成《异域录》一书并于雍正元年刊印。全书约 3 万字，详细描述了使团一路所经的山川河流、村镇城市、民风物产、动植物分布、道路等。书中少量文字涉及蒙古，大部分内容与俄国有关。卷首所附图理琛绘制的俄罗斯地图，虽失于陋简，却是国人实地考察后绘制的第一幅俄国地图，图理琛自然也就成为中国有史以来经由上述路线并留传下游记的第一人。[②]

《异域录》是我国第一部记载有关俄国山川地理形势和风土人情的著作，因其史料价值高而受到清政府的重视，清朝官修《一统志》《四裔考》诸书几乎全文采录无遗，后又收入《四库全书》。作为"前清唯一的一部有关俄罗斯和中俄关系的著作"[③]，该书刊行后引起了欧洲学者的高度关注。1729 年，法国耶稣会士宋君荣(Antoine Gaubil，1689—1759 年)根据汉文本最早将该书译为法语，收入苏西逸《观测集》。德国汉学家缪勒(Andreas Müller，1630—1694 年)后依据宋君荣法译本将其译为德语并增加补注，收入《俄史集成》。对于有着殖民扩展

---

① 斯当东. 小斯当东回忆录[M]. 屈文生，译. 上海：上海人民出版社，2015：44.

② 李扬帆. 涌动的天下：中国世界观变迁史论(1500—1911)[M]. 北京：知识产权出版社，2012：136.

③ 周祚绍. 图理琛和《异域录》[J]. 东岳论丛，1994(5)：108.

需求的大英帝国来说,《异域录》显然是值得重视的史料,小斯当东在华期间将该书译出。《异域录》英译本分为序言、译文和附录三部分,序言 28 页,译文主文 223 页,附录 104 页,合计 345 页,1821 年由伦敦著名的约翰·穆瑞出版社印刷出版。除《异域录》译文以外,小斯当东的英译本还包括附录 4 种,分别是《玉娇梨》前 4 章英译、《元曲百种》4 部戏剧摘译、《群芳谱》之"棉谱"英译和清政府《邸报》40 则英译。

一、《异域录》翻译的动机

(一) 观察评价清廷对外政策

小斯当东选择翻译《异域录》这部中俄外交史上的重要作品,目的之一是借助译介活动观察并评价清政府对涉外事务的处理原则。在《异域录》英译本序言中,小斯当东对比了中欧涉外作品的出版情况,他指出:"古往今来,在中国作家的著述中,对外关系并非重要话题。中国作家极少关注外国,显然,他们也不愿将中外交涉作为写作内容。与之相关的地方性或一时性题材,似乎都被认为不值得流传于世,也不值得历史学家一提。在欧洲,不仅有大量关于航海、旅游的著述,更有众多与涉外谈判、探险相关的作品,引起了读者极大的热情,这些题材在中国作品中极少出现。中国偶尔也与邻国交涉相关事务,这种情形不可避免,但在已出版的著作中很难找到蛛丝马迹。严格来说,以下著作(指《异域录》)能为读者提供一丝线索,也是译者所见唯一权威的作品,同时该书还详述了中国对外政策的若干原则。"[①]中国对异邦事务的好奇程度确实有异于欧洲国家,但事实上,清朝开国以来有着大量出使外邦的记录。单就中俄交往而言,早在图理琛出使土尔扈特之前,索额图、佟国刚等人就曾奉康熙帝谕旨出使俄国,只是因为蒙古一带兵乱受阻而返。俄国沙皇登基时,托时、德新等人也曾受雍正帝派遣前往俄国祝贺。与此同时,使臣满泰被派遣至土尔扈特。上述使团留下了不少私人著述或官方档案,如《琉球国志略》《续琉球国志略》《槎上存稿》

① STAUNTON G T. Narrative of the Chinese embassy to the Khan of the Tourgouth Tartars, in the years 1712, 13, 14, & 15[M]. London: John Murray, 1821: viii-ix.

《安南使事纪要》《奉使俄罗斯日记》等。[①] 由此可见，中国社会当时存在相当数量的文献能够反映中国对周边国家的认知，《异域录》并非如小斯当东所言是该领域中“唯一权威的作品”，译者对清政府外交活动的认知有着一定的局限性。

这种认知局限之所以形成，与小斯当东在华生活环境有密切关系。侨居中国期间，小斯当东始终供职于东印度公司广州商馆，工作生活局限于东南沿海一带，不易全面掌握官方奏疏与个人著述，也难以深入了解清政府与邻近诸国交往的详细情况。此外，作为英国人，小斯当东对“世界”的认识与中国人的“天下”观念也存在较大的差距。早在 18 世纪 70 年代，英国人詹姆斯·库克(James Cook)先后三次探险太平洋，首度发现夏威夷和澳洲大陆；19 世纪开始，英国人在探寻西北通道的同时，以到达北极中心区为目的陆续发起了一系列的探险活动。直至 19 世纪 20 年代，“英人除了南极大陆外，其足迹几乎已到达了世界各地”。[②] 大英帝国的地理探索成就极大地影响了英国人的世界地理观及其关于政治世界的理论构思。这种带有殖民扩张属性的世界观是外向性的、国际性的。相比之下，彼时中国人对空间即对世界地理和中国所处地理位置的认识存在明显的差异。清朝中前期，西方国家(除俄罗斯外)并未对中国构成大规模的军事和经济威胁，“处于扩张和整合时期的清帝国，内政的需要高于对外关系和观念的转变”[③]。康熙帝执政期间，为将边疆少数民族地带纳入统治范围，极其重视舆地，认为有必要继承明末清初传教士和开明士大夫传播的西方制图学方法，他下令白晋等中外科学家对帝国进行全国范围大规模的实地测绘，耗时 10 年绘制了第一幅实测完整的中国地图《皇舆全览图》，但其舆地政策的初衷在于整合帝国疆域、明确帝国地理界限。这种带有明显内向性的“天下观”旨在构建以中国为中心的地理观念，仅是为了加强帝国的内部治理，确立帝国统治者的身份，从而营造有利于天下一统的政治环境。在取得内部统治的合法性后，清朝将对外关系也纳入朝贡体制之内，在外交世界观上坚持朝贡礼治秩序。在《异域录》英译本的序言中，小斯当东严词抨击清朝朝贡式的外交政策，认为清朝外交政策落后、无知。通过对比清朝与欧洲各国对外交的定义，他

---

① 游博清. 认识中国：小斯当东与图理琛《异域录》的翻译[G]//王宏志. 翻译史研究：2013. 上海：复旦大学出版社，2013：48.

② 游博清. 认识中国：小斯当东与图理琛《异域录》的翻译[G]//王宏志. 翻译史研究：2013. 上海：复旦大学出版社，2013：49.

③ 李扬帆. 涌动的天下：中国世界观变迁史论(1500—1911)[M]. 北京：知识产权出版社，2012：236.

分析了清朝外交政策落后的因素，指出："中国周围都是野蛮部落，且中国历史上大多数时期都能借由自然地形的屏蔽，避免遭这些部落入侵，导致中国没有机会、没有场合学习任何国际法律原则，但欧洲在自由独立国家之间，因彼此的冲突使这些外交原则早已产生，并成为它们所有和平与友谊最基本的基础。"①

事实上，小斯当东的评价有失偏颇，清朝虽然仍将对外关系锁定在朝贡体制之内，但这种体制的本质与形式与明朝朝贡政策相比已发生实质性的转变：一方面，清朝是以夷狄身份入主中原，修正了传统帝国依赖于华夷之辨观念的朝贡体制；另一方面，清朝削弱了朝贡的贸易性质，更强调朝贡的礼仪和政治意义。小斯当东并未深入掌握中国外交真实情况，只是对中西外交进行初步比较，仅根据自身出使中国的经历和多年在华见闻便判断"中国的外交模式和'眼界'是相当'短浅''有限'，不值一提的"②，这种看法在某种程度上折射出 19 世纪初以小斯当东为代表的英国人高高在上的霸权心态。小斯当东对中国外交政策表示不满，他所作出的评价以西方为中心，忽视了中国内在发展的实际需要，更忽视了清政府构建民族国家身份的努力，显然受到了"欧洲中心论"历史哲学的影响。

（二）贬损中国文明

在《异域录》英译本序言中，小斯当东表达了他对清朝外交政策的见解，用"落后""无知"等词语强烈地抨击了清朝朝贡式的外交政策，他认为"单就外交面来考量，或许应该承认中国还是一个文明程度较低的国家……在中国近期的朝代中，中国人对所有自由独立国家间交往规范的认识，比大多数国家还要模糊和不了解"。③ 在小斯当东眼中，中国人对和平与战争的定义显得可笑而不合理："直到现在，中国人似乎还未思索明确的外交及战争定义……对中国人而

① STAUNTON G T. Narrative of the Chinese embassy to the Khan of the Tourgouth Tartars, in the Years 1712, 13, 14, & 15[M]. London: John Murray, 1821: vi.

② 游博清. 认识中国：小斯当东与图理琛《异域录》的翻译[G]//王宏志. 翻译史研究：2013. 上海：复旦大学出版社，2013：48.

③ STAUNTON G T. Narrative of the Chinese embassy to the Khan of the Tourgouth Tartars, in the years 1712, 13, 14, & 15[M]. London: John Murray, 1821: v-vi.

言，和平在某种程度上就表示着屈服，而战争也就意味着叛乱。”[①]由此可见，小斯当东翻译《异域录》不仅是为了观察清朝的外交政策，还意图以此为切入点评判中国社会的文明程度。

此外，小斯当东还在译本序言中多次引用苏格兰人约翰·贝尔(John Bell, 1691—1780 年)所著《从俄罗斯圣彼得堡到亚洲各国的游记》(《Travels from St. Petersburg in Russia to Diverse Parts of Asia》)一书中的资料，将《异域录》内容与之对照。贝尔曾于 1719—1721 年随俄国使团从圣彼得堡出发，经西伯利亚达到北京。图理琛出使土尔扈特部的年代和路线均与之接近，但小斯当东认为图理琛对沿途景色、风俗描述的精确度不及英国人贝尔。他指出：“贝尔游记的真实性毋庸置疑，无需进一步确认。但鉴于《异域录》的作者是中国人，考虑到中国对异域事物普遍蔑视，中国游记叙述者一定会夸大或偏离事实，我们对叙述的正确性及真实性期望不高。”[②]他还从科学比较的角度指出《异域录》“对沿途所见景色、居民、著名地标的描述非常不具体且无法令人满意”[③]，图理琛所绘地图是相当“粗糙和不准确的”[④]。1793 年，马嘎尔尼使团访华失败后，英国人对中国的认识和态度开始发生变化，贬华之声逐渐高涨。使团成员所撰旅华游记及相关记述反映出中国虽然物产丰饶，但科技、生产、政治、社会乃至整个文明都呈现出停滞与落后的状态。[⑤] 小斯当东对中国文明的等级定位代表了彼时英国社会对中国文明的普遍看法，一定程度上反映了英中双方对“文明”认知的差异。

传统中国社会的文明观念以道德、政治和文化秩序为约束，以实现天下的安定与和谐为目标，在当时中国人的概念中，中国人的文明具有普世性。而受苏格兰启蒙运动的影响，英国人的文明观念包含了一套由低到高的“文明等级”秩序，他们将文明等级划分为“野蛮”(barbarian)、“蒙昧”(savage)、“文明”(civi-

① STAUNTON G T. Narrative of the Chinese embassy to the Khan of the Tourgouth Tartars, in the years 1712, 13, 14, & 15[M]. London: John Murray, 1821: vi-vii.

② STAUNTON G T. Narrative of the Chinese embassy to the Khan of the Tourgouth Tartars, in the years 1712, 13, 14, & 15[M]. London: John Murray, 1821: xii-xiii.

③ STAUNTON G T. Narrative of the Chinese embassy to the Khan of the Tourgouth Tartars, in the years 1712, 13, 14, & 15[M]. London: John Murray, 1821: xiii.

④ STAUNTON G T. Narrative of the Chinese embassy to the Khan of the Tourgouth Tartars, in the years 1712, 13, 14, & 15[M]. London: John Murray, 1821: xx.

⑤ 叶向阳. 英国 17、18 世纪旅华游记研究[M]. 北京：外语教学与研究出版社，2013：330-418.

lized)等发展层次[①]，认为各个等级具有不同的政治、社会和文化特征。工业革命在英国的兴起更是促使英国人将科技进步与工业发展视为文明的重要表征。以马嘎尔尼使团访华为例，该使团特地携带了29种英国最新的工业产品、机械模型和科学仪器作为礼品，借此彰显英国在科技方面的优越。小斯当东对中国文明的价值判断也隐含着浓厚的西方优越论色彩，他从科学比较角度切入对《异域录》地图绘制、地景描述的精准度进行评价，反映出其话语体系延续了西方人重逻辑、重实证的学术传统，但他主要还是依据自身经验，以西方为中心、以东方为他者对中国文明进行判断，他对中国文明的贬低其实是为了进一步凸显英国文明的优越。

二、《异域录》翻译的策略

（一）忠实传递原意

如上文所述，小斯当东选择翻译《异域录》不仅是一种个人行为，更多的是为英国了解清政府对外政策服务、为欧洲国家了解中国社会文明程度服务。为如实传播清政府封闭落后的外交理念与文明形象，小斯当东将译文的忠实性放在首位，正如他在英译本序言中所言："译者每时每刻都在忠实地翻译原意，尽量接近原作的风格，我们语言的特点看上去是能够接纳这一点的。"[②]《异域录》属于游记文学，"其体例略如宋人行记。惟宋人行记以日月为纲而地理附见，此则以地理为纲而日月附见"[③]。图理琛并非泛泛记载每日见闻，而是每至一地必定详细搜罗该地的地理位置、山川原野、河流湖泊、村庄道路、军备民俗等信息，既有整体的全貌概括，又有局部的细节描绘，让人读后有身临其境之感。例如，在叙述乌拉柏兴（今乌兰乌德）的地理情况时，图理琛写到"乌拉柏兴在楚库柏兴之东北，相去二百余里，山高大，多林薮。色楞格河边宽阔之处，间有田亩。

① MAZLISH B. Civilization and its contents[M]. Stanford:Stanford University Press,2004:59-60.

② STAUNTON G T. Narrative of the Chinese embassy to the Khan of the Tourgouth Tartars, in the years 1712, 13, 14, & 15[M]. London: John Murray, 1821:xix.

③ 永瑢,纪昀. 四库全书总目提要[M]. 海口:海南出版社,1999:393.

色楞格河自西南流过柏兴,向西北而流。乌的河自东南来,于柏兴之西绕流,归入色楞格河。四面皆山,无城垣。此处俄罗斯与蒙古人等二百余户杂处,驻兵二百名,设管辖柏兴头目一员,有天主堂二座,其庐舍生计牧畜与楚库柏兴同。"[①]这种"以地为纲"的考察和叙述方法能够多视角、多层次地向读者展示某地的自然和人文地理状况,增加读者对域外地理知识的了解。小斯当东将上述文字译为:

UDINSKY

This government is distant something more than 200 lee to the N. E. of Selinginsky. The country is thickly wooded and extremely mountainous. Upon the banks however of the Selingue there are level spaces which are cultivated. The Selingue here takes its course from the S. W. to the N. W. The Utee (Uda of Bell) rises in the S. E., and after taking a circuit to the westward, falls into the Selingue. The town is without walls, but is on all sides surrounded with mountains. Its population consists of about 250 Russians and Mongal families living together without distinction. The garrison consists of a commandant and about 200 soldiers. There are here two churches of the Christians; the style of the buildings, and the natural and artificial productions, are the same as at Selinginsky. [②]

译者在翻译过程中沿袭了图理琛的写作手法,不仅如实再现了原文中出现的地名、方位、距离等自然地理信息,还将人口数量、宗教习俗、牲畜品种等人文地理信息一一译出。为突出所述地点"乌拉柏兴",译者将其从汉语原句主语的位置提取出来单独翻译,拼写全部使用大写字母,单独占一行并居中。这种对途经地点的处理方法贯穿译本始终,将《异域录》"以地为纲"的游记风格体现得淋漓尽致。在外交敏感字眼的翻译方面,小斯当东也格外谨慎。例如,译者将"进贡""贡进""纳贡"等与清代朝贡制度相关的词汇翻译为"tribute to""tributary offerings"等,契合了原文的历史文化情境。小斯当东忠实于原意的翻译策略体现了他注重实用的翻译原则,为英国人认识和了解中国、为英国政府制

---

① 庄吉发. 满汉异域录校注[M]. 台北:文史哲出版社,1983:33-34.

② STAUNTON G T. Narrative of the Chinese embassy to the Khan of the Tourgouth Tartars, in the years 1712, 13, 14, & 15[M]. London: John Murray, 1821:48-49.

定对华政策发挥了很大的作用。

（二）调整原作体例

对比英译本与原作体例不难发现，汉文《异域录》仅为一卷，但小斯当东却调整文本体例，将其拆分为14个部分译出，每个部分按西方人写作习惯以“章”(chapter)冠之。为便于读者理解各章内容，译者还按照当时西方游记的做法，在每章译文前增加了章节简述，弥补了各章没有标题的缺憾。以英译本第一章为例，小斯当东将内容概括为如下四个短语并以破折号隔开：Some Account of the Family of TU-LI-SHIN, the Author of the Narrative—his several official Situations previous to that of Envoy or Ambassador to the Khan of the Tourgouths—Occasion of his receiving the latter Appointment—Imperial Edict containing his Instructions. ①

此外，译者还以编年方式(chronological index)整理出图理琛使团大事记，分两页图表至于正文前，时间从康熙五十一年至五十四年，将中国帝王年号纪年换算为国际通用的公元纪年，两者相互对照大大方便了英文读者的阅读和认知。

（三）添加译者注解

据笔者统计，小斯当东在《异域录》英译本中添加了77条译者注释，均以脚注形式出现。这些注释主要可以分为以下几类：第一类是对译者翻译策略与方法的解释。如在译本第一章第一条注释中，小斯当东解释了他将译文拆解成章的原因。②在译本第二章，译者对他翻译的“我等回言，是中国至圣大皇帝钦差天使”这一句话的方法也作出注释。他认为，凡出现中文溢美之词已尽可能采取直译法，如果直译不可行，则在译语中寻找表达类似意义的短语。③ 第二类是对中国文化负载词汇的注解。例如，在译本第一章，小斯当东把“东北方乃龙

---

①② STAUNTON G T. Narrative of the Chinese embassy to the Khan of the Tourgouth Tartars, in the years 1712, 13, 14, & 15[M]. London: John Murray, 1821:1.

③ STAUNTON G T. Narrative of the Chinese embassy to the Khan of the Tourgouth Tartars, in the years 1712, 13, 14, & 15[M]. London: John Murray, 1821:35.

腾风翔之地"[1]译为"in the north east the Imperial Lung (dragon) arose, the Imperial Fung Whang (phoenix) took wing"[2],译文采用了音译与直译相结合的方式,不熟悉中国文化的西方读者读后想必不知所云。为此,译者加注进行解释:龙腾凤翔喻指满族鞑靼对整个帝国的进攻与征服,"龙"是一种传说中的爬行动物,"凤"是一种传说中的禽类,对中国人来说,两者乃君权之象征。[3]再看译者对"康熙丁未岁"这一年份的处理,译文"the year Ting-Vee of the reign of the Emperor Kang-hee (A. D. 1667)"[4]在音译的基础上增加了公元纪年意在让读者了解准确的时间,译者借助注释详细介绍了中国纪年的方法:六十年为一周期,每一年均有特定的干支名称,要准确陈述某一事件发生的年份只需将帝王年号与干支名称叠加即可,无需使用数字。[5]对于中国特有度量衡单位,译者同样采用了音译加注释的翻译方法。例如,将"斤"译为"kin"并加注"A kin is one third more than the English pound"[6],将"丈"译为"chang"并加注"A chang is a measure of 10 Chinese cubits of about 14 inches each"[7],将"文"译为"ven"并加注"A thousandth of a leang or Chinese ounce of silver, which is reckoned equivalent to 6s. 8d"[8]。第三类是对他人著述的引用。如前所述,为凸显英中文明程度之差异,小斯当东在译者序中多次提及苏格兰人约翰·贝尔的游记《从俄罗斯圣彼得堡到亚洲各国的游记》。在译本正文中,译者仍多次引用该书所记载的资料用来验证图理琛所述信息之真伪。除贝尔游记外,启蒙思想家伏尔泰(Voltaire)的《彼得大帝时期的俄罗斯帝国历史》[9]、法国教士格鲁贤(Abbe Grosier)的《中国通志》[10]和法国汉学奠基人冯秉正(Joseph-Franciscus-

① 庄吉发. 满汉异域录校注[M]. 台北:文史哲出版社,1983:5.

②③ STAUNTON G T. Narrative of the Chinese embassy to the Khan of the Tourgouth Tartars, in the years 1712, 13, 14, & 15[M]. London: John Murray, 1821:4.

④⑤ STAUNTON G T. Narrative of the Chinese embassy to the Khan of the Tourgouth Tartars, in the years 1712, 13, 14, & 15[M]. London: John Murray, 1821:5.

⑥ STAUNTON G T. Narrative of the Chinese embassy to the Khan of the Tourgouth Tartars, in the years 1712, 13, 14, & 15[M]. London: John Murray, 1821:70.

⑦ STAUNTON G T. Narrative of the Chinese embassy to the Khan of the Tourgouth Tartars, in the years 1712, 13, 14, & 15[M]. London: John Murray, 1821:73.

⑧ STAUNTON G T. Narrative of the Chinese embassy to the Khan of the Tourgouth Tartars, in the years 1712, 13, 14, & 15[M]. London: John Murray, 1821:111.

⑨ STAUNTON G T. Narrative of the Chinese embassy to the Khan of the Tourgouth Tartars, in the years 1712, 13, 14, & 15[M]. London: John Murray, 1821:41-42.

⑩ STAUNTON G T. Narrative of the Chinese embassy to the Khan of the Tourgouth Tartars, in the years 1712, 13, 14, & 15[M]. London: John Murray, 1821:96-97.

Maria-Anna de Moyriac de Mailla)的《中国通史》(《Histoire de la Chine》)[①]也是译者加注引证的重要来源。此外，译者还利用注释对地理、历史、人物等方面信息进行了深入解读。作为副文本的重要类型之一，上述注释共同构成了《异域录》英译本不可缺少的组成部分，参与、丰富、阐释了正文本的意义，使得作品的主题得以清晰呈现，一方面为读者阅读理解正文本提供了必要的引导，影响了《异域录》译本的传播和读者对其的接受；另一方面也折射出该译本产生的外部环境和所受制的意识形态。

三、《异域录》英译本的影响

《异域录》英译本出版后不久即告售罄，其受欢迎程度可见一斑。据译者小斯当东回忆："这本书和11年前出版的那部鸿篇巨制——《大清律例》译著一样，广受好评。"[②]英国本土杂志《大不列颠批评》对译本价值作出了如下评论："乔治·斯当东爵士今向大众展示的译本极富价值。它第一次让我们了解到，指导这一庞大帝国对外关系的大致方针是什么样的。虽然我们无法贸然评价乔治·斯当东的译文是否忠实于原文，但是他为人为学方面的高尚品德，已然就是翻译品质最佳的保证。也许它是一部能够满足猎奇者好奇心的书，但又不全是一部轻松的读物，无法保证给读者带来欢乐的感受，但是译本的文风却轻松、流畅、自然。我们要感谢译者把这本书翻译出来，能够胜任这样增值工作的人实在少之又少，没有人比他对此了解得更加深入或者更为实际。"[③]

在《折衷评论》杂志上发表的书评更为关注译作内容及译者翻译策略："我们眼前的这部作品展现了中国的对外关系；但是康熙出访这部分内容本身在趣味性上远不及书中其他内容——即乔治爵士以附录的形式所添加的部分。我们查证了在这方面极为关键的权威资料，从它可判断出，这本书无论在意思还是在措辞方面，皆是贴近原著的，是对原著准确和忠实的翻译。"[④]对《异域录》英译本的忠实性，《布莱克伍德杂志》也作出了高度的评论："在我们读完这本独

① STAUNTON G T. Narrative of the Chinese embassy to the Khan of the Tourgouth Tartars, in the years 1712, 13, 14, & 15[M]. London: John Murray, 1821:155.

②③ 斯当东. 小斯当东回忆录[M]. 屈文生，译. 上海：上海人民出版社，2015:98.

④ 斯当东. 小斯当东回忆录[M]. 屈文生，译. 上海：上海人民出版社，2015:99.

特而有趣的书时，如果对译者那种能够克服各种困难的高超本领装作没有看到，那就是对他极大的不公，因为它比任何一部我们曾仔细阅读过的书都能让我们对中国人和中国政府有更好的了解。我们确实不能凭我们自己的知识就言之凿凿地讲，它完全信于原著，但是整本书的风格的确十分简约、明晰、雅致，这些皆表明它的确忠实于原文；即使我们对乔治·斯当东爵士的绝学了解很少，也不知道他对于中文的理解到底达到何种精湛的水平，我们还是会毫不犹豫地向读者推荐此书，不仅因为它是我们这一年代最为罕见的文学作品之一，而且还因为它是译者在对中文版出使纪实高度理解后而表达出来的一部忠实的译著。"[①]上述书评反映出通过译者"求真"的努力，《异域录》英译本丰富了西方社会对清朝对外政策的认知，确实起到了向西方世界如实传递讯息的作用。

《异域录》作者图理琛为满族人，该书有满文、汉文两种版本，书中所述图理琛使团出访的土尔扈特部，是蒙古族的一支，即历史上所称"厄鲁特蒙古"四部之一，内容与边疆少数民族密切相关，因此可以纳入民族典籍的范围。[②] 民族典籍本身蕴含着人类生活的智慧和丰富的多元文化价值，对民族典籍的关注与翻译可以深化民族之间的了解与认识，促进民族之间的沟通与融合，对于进一步向世界传播民族文化、提高国家文化软实力都有着重要意义。从这一角度看，小斯当东英译《异域录》开启了 19 世纪英国汉学家翻译中国民族典籍的先河。另外，《异域录》英译本的大部分内容是译者侨居中国期间完成的，在翻译的过程中，译者通过自身不懈努力和中国本土学者协助，对中国语言文字、人文风俗、历史现实等多方面情况有了更深层次的认知，为他成为"19 世纪前叶英国社会熟悉中国事务的'中国通'之一"[③]奠定了坚实的基础。

---

① 斯当东. 小斯当东回忆录[M]. 屈文生，译. 上海：上海人民出版社，2015：99.

② 对民族典籍初步分类的三点依据是：传承者的身份、传承的语言文字以及传承文献的生活内容，参见：王宏印. 中华民族典籍翻译研究概论：朝向人类学翻译诗学的努力（上卷）[M]. 大连：大连海事大学出版社，2016：70.

③ 游博清. 英人小斯当东与鸦片战争前的中英关系[G]//复旦大学历史地理研究中心. 跨越空间的文化：16—19 世纪中西文化的相遇与调适. 上海：东方出版中心，2010：286.

第五章　汉学家汤姆斯中国典籍英译研究

东印度公司的汉学研究是19世纪英国汉学史上一个极其重要的发展阶段，涌现出诸如马礼逊、小斯当东、德庇时等多位汉学拓荒者。他们原本或为传教士，或为外交官，唯有一位例外，他就是东印度公司澳门印刷所的技术工人汤姆斯。1814年9月2日，汤姆斯受公司委派自伦敦来华协助传教士马礼逊刊印《华英字典》。他利用自己掌握的专业技术，以制造铸模、浇铸柱体、手刻中文等方式，制作了世界上最早的一批中文铅合金活字，创造性地采用中英文铅活字合排及拼版技术，顺利解决了《华英字典》中英文合印的种种难题而名垂印刷出版史册。学界有关东印度公司汉学家的研究，多围绕"英国汉学之父"小斯当东、"英人研究汉学一代宗匠"马礼逊和外交官汉学家的代表德庇时等人展开，认为他们具有开创之功，为英国汉学发展作出了基础性贡献，对汤姆斯的汉学成就特别是翻译成果的关注则略显不足。事实上，汤姆斯"是一位卓有成就的汉学家”[①]，经由他译介到英语世界的中国典籍既有文学作品又有历史著作，作为译者的汤姆斯为海外汉学的发展和知识的积累起到了重要的推动作用。

第一节　汤姆斯与中国古典小说英译

早在1820年，汤姆斯就已将《三国演义》第八回至第九回中的章节片段翻译成英文，以《著名丞相董卓之死》(《The Death of the Celebrated Minister Tung-cho》)为题发表于《亚洲杂志》(《Asiatic Journal》)。同年，汤姆斯翻译了《今古奇观》第十四回《宋金郎团圆破毡笠》，译本名为《一对爱侣的故事或宋金情史》(《The Affectionate Pair or The History of Sung-Kin：A Chinese Tale》)，以单行本形式由伦敦布莱克印刷所出版，这是《宋金郎团圆破毡笠》首次被翻译成英文并介绍到西方。如上所述，汤姆斯最初只是作为一名职业印刷技工来华，他为何要开始翻译中国古典小说并由此从“印刷工”转身为“译者”，这是一个值得探究的话题。

翻译作为一种人类实践，是译者主体作用于译本客观实体的过程，离不开意识的选择，必然受到译者惯习的指挥与影响。早在古希腊时代，柏拉图解释“摹仿”(imitation)时曾说：“摹仿发端于人的幼年，但却对今后的人生影响深远，并最终形成习惯，构成‘第二本性’，进而影响人的身体、声音乃至心智”[②]，而“惯习”正是在“习惯”和“第二本性”的基础形成的。亚里士多德也曾提出过与“惯习”类似的概念——“hexis”，认为其“取决于人的年龄、性格、社会地位等因素，会在个人风格中再现”[③]。到了近代，德国社会学家埃利阿斯在谈到人类面对的限制时，提出了“自我限制”(selbstzwange)的说法，与“惯习”十分类似。对“惯习”论述最为系统的当属法国社会学家布迪厄，自1967年起他屡次详细阐发这一重要概念的意义及功能，并将其与“场域”“资本”等其他概念贯穿连接，

---

① 郑锦怀.彼得·佩林·汤姆斯：由印刷工而汉学家　以《中国求爱诗》为中心的考察[J].国际汉学，2015(4)：133.

② 邢杰.译者“思维习惯”：描述翻译学研究新视角[J].中国翻译，2007(5)：11.

③ 唐芳.惯习中心维度探析：论西米奥尼的惯习观[J].山东外语教学，2011(4)：97.

构建了完整的社会学理论体系。在布迪厄看来，惯习是“让行动者以某种方式行动和做出行为反应的秉性系统”[①]，“这一系统反映出人在成长、家庭教育、学校学习、工作、交际等社会化过程中逐渐学习、内化并强化了的社会规律”[②]。惯习“来自于社会制度，又存在于个体身体之中，具有生成性、建构性，甚至带来某种意义上的创造性能力，表明了主体选择的目的性”[③]。具体而言，译者选择从事翻译实践、确定翻译选材、运用翻译策略等一系列行为均是自身惯习的象征性体现，下文对汤姆斯英译中国古典小说活动的考察也正基于上述三点而展开。

一、惯习与中国古典小说翻译动机

汤姆斯来华后，以印刷工身份在澳门印刷所从事书籍刊印工作。作为一名职业印刷工，他受雇于澳门印刷所的时间长达 12 年之久，运用专业技术印制了《中文作品英译》(《Translation from the Original Chinese》)、《华英字典》、《贤文书》等多种出版物。值得一提的是，由汤姆斯主持印刷的书籍，封面上不仅印有著译者或编纂者的名字，往往还可以发现诸如“Printed by P. P. Thoms”(由汤姆斯印刷)之类的明显字眼。由此可见，“为了自我推销，他似乎不肯放过任何一个机会，哪怕是作为一个印刷者”[④]，汤姆斯对身份代码的重视逐渐在其个人意识中沉淀、内化，从而形成惯习，指挥调动了他的行为方向，成为他在从事印刷工作的同时主动开展翻译实践的根源。

汤姆斯对“印刷工”的职业称谓并不满足，他深知自己出身卑微，仅凭“印刷者”身份显然无法获得显赫的社会地位，只有和马礼逊、小斯当东、德庇时等东印度公司其他职员一样，借助汉学研究著述才能实现身份地位的转变。受惯习的指挥与影响，他适时调整了个人行为方向，选择从事中国文献翻译，以文字译著作为其毕生荣耀，实现了由印刷工到汉学家的身份转变。

---

① 魏望东. Habitus 与翻译选择[J]. 翻译论坛，2016(1)：84.

② 唐芳. 翻译社会研究新发展：Sela-Sheffy 的惯习观探索[J]. 外语研究，2012(5)：82.

③ 魏望东. Habitus 与翻译选择[J]. 翻译论坛，2016(1)：83.

④ 王燕.《花笺记》：第一部中国“史诗”的西行之旅[J]. 文学评论，2014(5)：209.

二、惯习与中国古典小说翻译选材

译者惯习不仅能够解释汤姆斯翻译中国古典小说的动机，还能从宏观方面影响译者对翻译文本的选择。从表面上看，翻译活动自始至终都受到权力话语的操纵与控制，但由于惯习是“人的实践行为的核心，处于客观环境、历史、人的心理倾向三者互动关系的中央”[①]，译者翻译什么、不翻译什么，选择哪个流派、哪位作家、哪些作品来翻译也必然受到惯习的制约。翻译主体将其所处的社会环境、历史条件、生活及工作经历内化，经历漫长而反复的习得过程沉淀为惯习，“表现为一种倾向和意向，驱使其以某种特定的方式展开自己的行为”[②]。

惯习概念总是和特定的场域联系在一起。结合汤姆斯所处的历史时代不难发现，1793 年马嘎尔尼使团访华失败后，英国人逐渐摆脱了对中国的狂热崇拜，作为率先进入资本主义的商业国家，当时的英国无论在政治还是社会变革方面都体现出强烈的功利主义倾向，“一切行为都是为了商业利益”[③]。社会政治场域的变迁会影响翻译场域，塑造译者相应的惯习并突出地反映在翻译选材上。汤姆斯节译的《三国演义》与《今古奇观》等中国古代小说是西方人了解中国世俗人情的重要渠道，“对于增进 19 世纪西方国家对中国的认识与态度，不论是了解、同情或是野心，都产生相当大的作用”[④]。以汤姆斯翻译的《今古奇观》第十四回《宋金郎团圆破毡笠》为例，宋金乃是一个为船家老板记账的小伙计，从内容上看，宋金的故事描写的是中国市井小人的生活状况，尽管它的主题并不宏大，但对那些希望获取中国风俗习惯等信息的人来说，这可能会“被认为是一个有趣的故事，因为它反映了中国最盛行的一种宗教派别的思想观念，表明中国人不乏仁慈、悲悯与爱情等美好情感”[⑤]，这样的作品无疑能为读者传递有关中国风俗文化的丰富信息。汤姆斯选择译介《三国演义》部分内容的动机同样如此，正如他在译文《著名丞相董卓之死》序言中所介绍的：“这是一部关于

① 邢杰. 译者“思维习惯”：描述翻译学研究新视角[J]. 中国翻译，2007(5)：11.

② 魏望东. Habitus 与翻译选择[J]. 翻译论坛，2016(1)：86.

③ 胡优静. 英国 19 世纪的汉学史研究[M]. 北京：学苑出版社，2009：3.

④ 苏精. 马礼逊与中文印刷出版[M]. 台北：台湾学生书局，2000：80.

⑤ THOMS P P. The affectionate pair or the history of Sung-Kin: a Chinese tale[M]. London: Printed for Black, Kingsbury, Parbury and Allen, 1820: iii-iv.

中国内战的最著名的史书，它之所以备受中国人推崇，不仅是因其文学价值，还因其准确而翔实地叙述了那段时期的战争与灾难。”①

汤姆斯个人惯习的形成不仅受19世纪前后社会政治场域变化的影响，还与他自身工作经历也有着密切联系。他在英国东印度公司澳门印刷所从事印刷业长达12年之久，最初主要工作是协助马礼逊印刷《华英字典》。出于印刷需要，他组织雕刻了大量中文铅合金活字，并对中国语言文字产生了浓厚兴趣。加之合作伙伴马礼逊本身就是一位精通中文的汉学大家，耳濡目染之下汤姆斯的汉语学习取得了极大的进步，借翻译汉语文献提高中文水平的动机也越发强烈。变化的社会政治场域与自身强烈的中文学习兴趣相互作用，经过积淀后形成了译者汤姆斯的惯习，驱动他选择翻译以文学、历史题材为主的中国古典文献，这既可以满足英国政府了解中国的功利性需要，也可作为对自身汉学研究成果的总结。

三、惯习与中国古典小说翻译策略

惯习对译者的影响不仅体现在翻译文本选择等宏观层面，还反映在翻译策略、措辞等具体操作层面上。作为一名英汉双语使用者，汤姆斯在中英文化接触中培养起来的“跨文化惯习”会对其翻译行为产生相应影响，促使他基于一定的文化立场就言语转换方法不断做出抉择，而他所使用的微观翻译策略正是译者惯习的外在表现形式。

一方面，针对源语文本的文体风格，汤姆斯尽量如实呈现。对原作中涉及的众多人名、地名、物名等，译者均采用音译法，将小说的异域色彩呈现得淋漓尽致。在《宋金郎团圆破毡笠》英译本中，汤姆斯重在突出原作的故事性，其语言风格与原文保持高度一致。在话本中特别是开端、结尾以及描写景物、刻画人物时，说话人往往讲唱结合，以“正是”“诗曰”“有诗为证”等作为话头引出韵文，这些诗词韵语掺杂在故事叙述之中，显得生动活泼。汤姆斯处理时遵循原作结构，将夹杂其中的诗词韵语全部忠实译出，如将“月落乌啼霜满天，江枫渔

---

① THOMS P P. The death of the celebrated minister Tung-Cho[J]. The Asiatic Journal and Monthly Register，1820(10)：526.

火对愁眠;姑苏城外寒山寺,夜半钟声到客船"译为"When the moon dips and the clouds are filled with frost, the birds twitter. When reclining, how pleasant to see from the bridge the fisherman's fragrant fires. On the cold hill, without the city Koo-soo, stands the lonely temple: Half the night o'er, the sound of its bell visits each stranger's boat",忠实保留平话小说的这一体制特点。与之形成对比的是译者对《三国演义》片段的翻译。在汤姆斯选译的《三国演义》中,同样有着丰富的诗词韵文,如第八回王允设连环计,宴请董卓,令歌女貂蝉起舞,有词赞之曰:"原是昭阳宫里人,惊鸿宛转掌中身,只疑飞过洞庭春。按彻梁州莲步稳,好花风袅一枝新,画堂香暖不胜春。"貂蝉舞毕,作者又对她两度歌咏,描写貂蝉舞姿妙曼、容颜秀美、歌喉动人。除了赞诗外,原文中还有大量的回目、回末附诗及悬念句等,对此汤姆斯全部略去不译。译者的删节处理同样建立在他对《三国演义》文体风格的认知基础之上。他将《三国演义》界定为史书,将《宋金郎团圆破毡笠》界定为故事,前者作为一部史书,出现大量的抒情诗作显然是不适合的。[①]

另一方面,为便于西方读者理解,汤姆斯在"跨文化惯习"驱动下添加了大量注释用来处理富含中国特色的文化典故。《宋金郎团圆破毡笠》描述老和尚抱病时说他"一生不曾开荤",其中"开荤"是西方读者难以理解的文化负载词,汤姆斯将其译为"he has never partaken of any thing unlawful"。如果仅用"any thing unlawful (非法之物)"一词很难表达"荤"的文化内涵,因此译者添加了以下注释:信佛的人不允许食用动物或鱼,他们甚至不能食用洋葱之类的蔬菜,只能食用普通蔬菜。根据等级划分,洋葱和韭葱被认为是不纯净的。烹调食物时,他们既不能使用黄油,也不能使用鱼油,只能使用谷物提炼的油。他们认为杀生是犯罪,这也正是他们戒食动物的原因。[②] 通过注释,译者清晰地介绍了中国人尤其是佛教徒的生活习惯,为读者提供了丰富的文化信息。《三国演义》第八回中有一句京师童谣:"千里草,何青青。十日上,不得生。"译者不仅将其直译为:"The verdant grass of a thousand le, Fades ere it attains the age of days."还添加脚注指出:这两句诗行中的文字取自董卓名字。第一个字"董",由"草""千"和"里"组成;第二个字"卓",由"上""日"和"十"组成。这是中国人

① 王燕. 汤姆斯与《三国演义》的首次英译[J]. 文学遗产,2017(3):188.

② THOMS P P. The affectionate pair or the history of Sung-Kin: a Chinese tale[M]. London: Printed for Black, Kingsbury, Parbury and Allen,1820:14.

热衷的文字游戏。倘若没有译者的注解,西方读者很难理解中文的拆字法。这些丰富的脚注透露出汤姆斯的译介活动旨在传递文化观念,而并非要在异域语境中重构文本。

惯习影响了汤姆斯翻译中国古典小说的动机、翻译文本的选择和翻译策略的运用。为了实现身份地位的转变,他选择从事中国古典小说英译活动并成功达到了既定目标。受制于社会政治场域,汤姆斯最初选译的作品以文学、历史题材为主。在"跨文化惯习"影响下,他灵活运用多种翻译策略,有助于读者深入了解中国文化,在"中学西传"中发挥了重要作用。对汤姆斯中国古典文献英译中的惯习进行分析,一方面可以透视19世纪上半期英国社会政治场域、汉学场域与翻译场域之间的互动关系,另一方面也表明译者惯习会受到客观环境的制约。从社会学的惯习视角出发,研究译者主体及其翻译活动,可以扩大翻译研究路径、拓展翻译研究的深度,这一研究范式具有一定的学科意义。

第二节　汤姆斯与中国叙事诗歌英译

汤姆斯协助马礼逊完成《华英字典》刊印任务后,本应于1824年年初返回英国,但他却自愿继续留在澳门印刷所,排印自己的另一部翻译作品《花笺记》,直到1825年3月才离开中国。借由《花笺记》等中国古典文学英译本,汤姆斯的社会身份从出身卑微的印刷工转变为地位显赫的汉学家,堪称英国汉学史上奇特的个案。下文从译者行为批评视域出发考察汤姆斯的《花笺记》英译实践,旨在客观评价译者汤姆斯在中西文化交流史上的地位与作用。

传统翻译研究多聚焦文本内部,主要关注译文与原文的关系。随着"文化转向""社会转向"高潮的到来,译者在翻译过程中的主体地位日益凸显,针对译者行为轨迹的考察逐渐成为翻译研究的重点,翻译批评范式也随之由文本、文化视域转向译者行为视域。所谓"译者行为",指的是"社会视域下译者的语言性翻译行为和社会性非翻译行为的总和"①。作为意志体的译者,既要面对原

① 周领顺.译者行为批评:理论框架[M].北京:商务印书馆,2014:25.

文，也要面对社会。一方面，译者是源语文本意义再现的执行者，其行为具备语言性特征；另一方面，译者是译语文本的调试者，其行为彰显社会性特征。译者行为的双重属性将翻译内研究与翻译外研究有机结合，为分析译文存在的合理性提供了新的切入点，理应成为翻译批评的重要内容。译者行为批评范式的提出能更加全面地反映译者行为的动因和合理度，有利于动态评价译文质量。为了实现译者行为批评的具体化，周领顺构建了“求真-务实译者行为评价模式”，提出在“文本求真度”与“效果务实度”的基础上分析“译者行为合理度”[①]，以便客观地描写译者行为的社会化过程。综观汤姆斯的汉学成就不难发现，翻译实践是其社会化过程的关键一环。在译者行为批评视域下，借助“求真-务实译者行为评价模式”对汤姆斯英译《花笺记》进行探讨，可以深化有关英国早期汉学家翻译策略的研究，既拓展了翻译批评的研究视域，也丰富了翻译批评的研究内容，对于解释汤姆斯翻译行为的动因与策略有着积极意义。

一、译者求真行为与《花笺记》的译内效果

《花笺记》成书于明末清初，是粤调弹词木鱼书的代表作之一。康熙年间，岭南才子钟戴苍效法金圣叹、毛宗岗评定才子书的做法，将其命名为“第八才子书”。在岭南说唱文学史上，《花笺记》流传最广，影响最大，文学价值最高，至今仍在广东民间传唱不绝。这一唱本之所以经久不衰，与其韵文说唱体制有着密切的关联。为了便于传述、打动受众，说唱者不避俚语、土音，将蕴含情理冲突的才子佳人故事编为韵文，极大提升了接受效果。整体而言，七言韵语贯穿《花笺记》五卷六十回唱词始终。除辅以少量衬字与杂言外，弹唱及吟表用语皆为韵文，满足了木鱼书吟诵式演奏的说唱需要。正如陈汝衡在校订本《花笺记》导言中所说：“《花笺记》被公认为优秀作品，主要是因为它韵文的美丽。这些韵文非诗非词，也非白话，它们确实是立于诗与白话之间，而富有诗情画意的一种文艺作品。它读起来特别感到韵味悠然。”[②]受当时欧洲“泛诗歌化”文体观念的影响，汤姆斯将《花笺记》的韵文唱词视为中国诗歌形态之一，他充分认识到了

① 周领顺.译者行为批评：理论框架[M].北京：商务印书馆，2014：87.

② 陈汝衡.陈汝衡曲艺文选[M].北京：中国曲艺出版社，1985：583.

《花笺记》的诗体创作特征，在英译本前言中详细介绍了中国的诗歌艺术，他指出："中国大部分诗歌仅有数行，多属即兴之作。相比之下，'第八才子书'《花笺记》更长。中国人的诗歌艺术成就是伟大的，而且每个文人都会做诗。中国人并非缺乏动力创作优秀诗歌，只是囿于古代流传下来的礼法而已。"①

在韵文说唱机制的处理上，他吸取了阿米奥、杜赫德等人"以文译诗"的经验教训，选择以诗歌对译诗赞体韵文，力求如实再现韵语标记的风格意义，尽可能为译语读者营造韵文的表达效果。汤姆斯不仅在英译本书名中明确标注"以诗体翻译"，还在翻译文体的选择上力求通过"以诗译诗"再现原作精神。译本每页上方中文竖排，下方英文与之逐行对应，呈现出诗行特点。正如汤姆斯在译本前言中指出，"不保留原文的形式，即便翻译得再准确，也只能将中国诗歌结构的不完整概念提供给欧洲读者"②。可见只有"求文体之真"，才能保留《花笺记》的原作精神，才能让欧洲人对中国诗歌形成正确的认识。

然而，细读汤姆斯译本不难发现，译作并非是严格的诗体，更非押韵的韵文，有学者甚至认为"委实很难在他的英文句子中找到诗的气息"③。笔者认为，一方面，受制于自身的语言水平，汤姆斯确实难以做到"以韵译韵"，但观察译本形态，每页中文上排、英文下排且中英文逐行对应，已经呈现出诗句的一般序列，某种程度上反映出译者形式求真的努力。另一方面，"求真"并非"忠实"的翻版④，判断译者是否求真，不能简单地对源语、译语文本进行静态的比较，而应注重过程分析。汤姆斯对原文意义的求真并非字字对应的死译、硬译，如"一点红唇真俏丽，生成模样断人肠"一句，译者将之翻译为"A red dot, on her chin, gave beauty to her person. While her elegant form was enough to break the heart of man"⑤，译者将"真"译为动词"gave"，体现出他对原文的深刻理解："俏丽"的是"人"并非"唇"，是"红唇"让人更美。作为意志体译者的汤姆斯，试图以诗行再现韵文，本身就反映了他对作者和原文求真的态度，折射出他不断求索以此无限逼近真理的过程，而这正是译者求真行为的初始状态。尽管译作出版后主流媒体对译本韵律作出了一些批评，但汤姆斯为推介中国诗歌在海外

① THOMS P P. Chinese courtship in verse[M]. London:Parbury,Allen and Kingsbury,1824:iii-iv.

② THOMS P P. Chinese courtship in verse[M]. London:Parbury,Allen and Kingsbury,1824:xii.

③ 梁启昌. 论木鱼书《花笺记》的英译[G]//李华元. 逸步追风：西方学者论中国文学. 北京：学苑出版社，2008:267.

④ 周领顺. 译者行为批评：理论框架[M]. 北京：商务印书馆，2014:96.

⑤ THOMS P P. Chinese courtship in verse[M]. London: Parbury, Allen and Kingsbury, 1824:19.

传播所做的努力是值得肯定的。

就文体而言,木鱼书《花笺记》不仅讲究韵律和节奏,具备诗歌的文体特点,同时还具备小说的基本特征,因此被定义为"歌本小说"[①]。这一才子佳人小说以风月情事为主线,描写了苏州秀才梁亦沧与表妹杨瑶仙恋爱的始终,文笔细腻、叙事生动,其中贯穿众多人物和复杂情节。据统计,除背景人物外,《花笺记》中正式出场的人物共有16位,在处理这些人物形象时,汤姆斯未做任何删减,反而补译出原文未点名身份的人物名称。以卷四回目翻译为例,"回家见父""闻婚骂婢""复往长洲"均省略主语,汤姆斯毫无例外地在译文中增补了动作发出者,分别译为"Leang returns home to see his father""Yaou-seen scolds her Servant"和"Leang's return to Chang-chow",还原人物形象使得叙事更为具体实在,凸显出原作的故事性和叙事文学的基本特征。此外,为了展现情节的发展,《花笺记》除了使用第三人称叙述体展现故事进程,还夹杂着第一人称代言体,形成了独特的叙事风格。汤姆斯的求真行为同样体现在对原作叙事风格的再现上。例如,卷一第六回"碧月收棋"有以下描写:"碧月领言移步去,穿花随柳绕池塘,远望梁生犹未去,如醉如痴倚栏杆,手托香腮情默默,料佢相思断肠为娇娘。我想深闺美女何干己,世人多少为花亡。"[②]两种人称的语言在原文中交替更迭,前一句以"碧月"为视角进行客观叙述,后一句则从"我"的视角进行主观评论。汤姆斯注意到这一叙事特征,将叙事、代言两种不同的叙述视角如实保留,为读者营造出情景交融的感觉。这种译文向原文靠近的求真度正是译者行为在译文效果上的体现。汤姆斯关注原文的文体风格,他对《花笺记》韵文说唱体制和叙事风格努力求真,是其作为译者的本能行为,也是译者语言性的体现。从译内效果看,其求真行为最大限度地保留了《花笺记》的文学价值,使得这部长篇叙事诗在维多利亚时代前夕就开始它的西行之旅,由此弥补了"中国诗歌尤其是史诗在英语世界的阙如"[③]。

---

① 梁培炽.花笺记会校会评本[M].广州:暨南大学出版社,1998:67.

② THOMS P P. Chinese courtship in verse[M]. London: Parbury, Allen and Kingsbury, 1824:21.

③ 王燕.《花笺记》:第一部中国"史诗"的西行之旅[J].文学评论,2014(5):206.

二、译者务实行为与《花笺记》的译外效果

译者以求真为本，是翻译活动发生的必要条件，这是由译者作为“语言人”的本质决定的。但译者同时还具有社会属性，其翻译活动必然带有一定目的性、社会性，因此译者行为既要“求真”又要“务实”。考虑读者的需要、便于和读者沟通是译者务实行为的主要动因，汤姆斯翻译《花笺记》也是如此。为了达到务实的目标和效果，译者采用了多种手段服务于译语读者。

首先，汤姆斯《花笺记》英译本的排版方式独具匠心。汤译本是19世纪早期为数不多的汉英对照本，为方便西方读者学习汉语，译本每页上方竖排中文原文，但一改当时从右向左的中文排版方式，反而按照西文习惯从左至右排版，英文译文则横排于页面下方，一句译文对应一列中文，这种排印方式反映出译者主动迎合读者需要的务实态度，对译本的接受与传播有着重要的意义。

其次，汤姆斯的务实态度还体现在他对文化负载词的处理上。文化负载词是某种语言中最具有文化个性和民族色彩的词汇，“反映了特定民族在漫长的历史进程中逐渐积累的、有别于其他民族的、独特的活动方式”①，传递着某个特定民族的特殊文化背景或文化意蕴。汉语文化负载词来源广泛，涉及哲学宗教、寓言神话、文学典故、历史风俗等中国文化的不同方面。翻译此类词语时，汤姆斯充分照顾目的语读者的理解能力和阅读兴趣，运用意译与注释等方法充分保证了译本的传播效果。例如，在《花笺记》第四卷第七回中，主人公梁生离开家庭“复往长洲”，意欲私会瑶仙。得知瑶仙因父亲升任而举家迁居长安后，梁生悲怆欲绝，以至于“睡倒牙床凄惨极，哭斗黄天怨五行”②。作为中国古代哲学的基本概念，“五行”是用来表述宇宙和社会属性及其变化规律的范畴系统，最初指“金、木、水、火、土”五种在人们生活中占据重要地位的基本物质，后被视为世界万物的起源。中国古代思想家常用“五行”之间相生相克的原理阐释宇宙自然与人类社会的发展演变。这一极富哲学意蕴的文化负载词语对于译语读者来说极为陌生，汤姆斯因此舍弃了原有意象，也未做任何注解，而是采

① 廖七一. 当代西方翻译理论探索[M]. 南京：译林出版社，2000：232.

② THOMS P P. Chinese courtship in verse[M]. London：Parbury，Allen and Kingsbury，1824：151.

取意译的方法，选择目的语中文化意义较淡的表达“regret his unhappy life”点出“怨五行”所要表达的实际含义，这种务实化的处理巧妙地消除了文化负载词可能对跨语境交际造成的困难。为便于西方读者理解，汤姆斯运用意译策略处理富含中国特色的文化典故，将“蓬莱岛”译为“the region of bliss”（快乐之地），用古罗马神话中的“nymph”（居于山林水泽的仙女）来形容中国美人，甚至将“三柱沉香拜月神”翻译为“three sticks of fragrant incense was offered to Venus, the goddess of love”[①]（三柱沉香拜维纳斯爱神），无不体现出译者沟通中西文化的良苦用心。

此外，为了将原作浓重的异域色彩移植到译语世界，汤姆斯还针对“鸳鸯”“八斗”“牛郎”“织女”等文化负载词，在译本中添加了53处富含丰富中国文化信息的注释，以此疏解文化交流的障碍，深化西方读者对中国文化的理解。《花笺记》第一卷第六回详细描写了梁生对瑶仙的向往，一句“先时着白谁家女，定系嫦娥到此方”将男主人公强烈的情愫表达得酣畅淋漓。“嫦娥”的典故在中国人人皆知，但对当时的西方读者来说，理解这一源自中国古代神话的文化负载词有相当的难度。汤姆斯以音译的方式翻译“嫦娥”，同时在页脚添加了三句注释，详细介绍了嫦娥与后羿的爱情传说，并用注释指出“嫦娥被认为是中国的维纳斯女神”，确保了西方读者能够准备把握原文所要传达的文化意义。

《花笺记》英译本出版后第二年便引起西欧文坛的关注和重视。法国著名汉学家雷慕莎在巴黎出版的《亚洲学报》上撰写了长篇介绍性书评。德国大文豪歌德阅读汤姆斯译本后盛赞《花笺记》为“一部伟大的诗篇”[②]，并模仿中国诗体创作出著名的抒情组诗《中德四季晨昏杂咏》。正是汤姆斯的种种务实之举使译作切合目的语读者的接受习惯，从而取得良好的译外效果。

汤姆斯在翻译《花笺记》的过程中，努力求原作文体风格之“真”，务译作传播效果之“实”，最大限度地保证了译内与译外效果。通过《花笺记》英译实践，汤姆斯为西方人全面了解中国文学、文化提供了重要渠道，为推动中国古典文学的早期译介作出了突出贡献。考察译者行为的求真度与务实度，可以将文本研究与译者研究有机结合，更加客观地分析译者的语言人身份和社会性角色，有利于构建动态的翻译批评模式，深化对翻译本质与译者主体性等相关理论问题的认识。

---

① THOMS P P. Chinese courtship in verse[M]. London: Parbury, Allen and Kingsbury, 1824:11.

② 杨武能. 歌德:“魏玛的孔夫子”[J]. 社会科学战线，1983(3):292.

第三节　汤姆斯与中国金石著作英译

汤姆斯是第一位将宋代金石学著作《宣和博古图》(以下简称《博古图》)译介到英语世界的汉学家。然而,对汤姆斯这一具有开拓意义的翻译活动,学界关注并不多,译者行为的重要价值未得到充分认识。下文以汤姆斯于1851年所译《博古图》英译本为对象,通过分析译者动机、解读翻译策略,解释译者行为的合理性。

一、《博古图》原本及汤姆斯译本简介

北宋徽宗时期(1100—1126年),在复兴礼乐之学、重振儒家道统的大背景下,皇室将收藏古器物之风推至极致,徽宗命人描摹图像、图录文献,将民间大量青铜古器收入宣和殿珍藏,敕令宰相王黼对青铜器分类并编纂成书,《博古图》由此应运而生。该书共30卷,著录宣和殿所藏由商代至唐代铜器菁华839件,集宋代所藏青铜器之大成,其中不乏国之重器。《博古图》依器形立20目,每目有总说。每器均摹绘器形、款识,记录形制、尺寸、容量、重量,间附考证。所定器名,如鼎、尊、爵等大多沿用至今。这部著作"奠定了后代编制古器物图录、进行金石研究的基础,对古代艺术、宗教礼法、社会制度等研究有着重要的参考价值"。①

1834—1835年,汤姆斯选择宋代金石学著作《博古图》中的部分内容译为英文,以《中国古青铜器之描述》(《Description of Ancient Chinese Vases》)为题,分4次陆续刊发于《大不列颠及爱尔兰皇家亚洲学会学报》第一卷和第二卷,从此"在英国东方学研究领域崭露头角"②。译文发表后,得到了读者的充

① 王黼.宣和博古图[M].诸莉君,校.上海:上海书店,2017:2.

② 易永谊.野蛮的修辞:作为译者的汉学家汤姆斯[J].中国比较文学,2016(2):111.

分肯定，在此基础上，汤姆斯于1851年出版了单行本译著《论中国商代古青铜器》(《A Dissertation on the Ancient Chinese Vases of the Shang Dynasty》)，由译者经营的印刷所自行出版发行。从英文题目看，后者将译介的中国古代青铜器历史进一步限定在商代，涵盖的年限从644年缩短为247年，虽然时间大大缩短，但译著包括的内容却比前者更加厚重丰实。《博古图》通行本有二：一个是明嘉靖七年(1528年)蒋旸翻刻元至大重修本，另一个是清乾隆十七年(1752年)亦政堂重修宝古堂本。① 汤姆斯在1851年译本前言中曾经提到他参考的中文原本共16册，据此可以推测译者所依据的版本为明嘉靖蒋旸本。除了译者序之外，《博古图》英译本正文部分主要介绍了"鼎""尊""彝""卣"四类共计42件商代青铜器皿，提供了器名、尺寸、重量、容积、形状、用途、饰图及铭文拓本等详细信息，卷末附唐代铜镜图片一张。与中文原本相比较不难发现，汤姆斯译本并非是对《博古图》的完整翻译，而是带有译者目的、选择性极强的节译本。

二、《博古图》翻译中的语言性求真

鸦片战争以后，越来越多的西方人获得了更多的在华自由活动的空间。随着真实落后的中国形象暴露在西方人视野之中，他们对中国的态度已经发生了较大的变化，从仰视逐渐转变为对视乃至俯视。西方人眼中的中国不再是一个充满异域情调的温柔理性之乡，多数西方汉学家将中国社会的一些阴暗面植入翻译作品之中，他们甚至会放大负面信息以达到贬损中国形象的目的。相比之下，汤姆斯的汉学研究立足于中国历史，他试图通过客观地介绍中国古代器物文化，构筑真实的中国形象。

汤姆斯对历史的关注在他为《博古图》英译本撰写的序言中体现得尤为明显。他说："各国的早期历史必定是模糊不清的，中国亦是如此。但在考察中国早期历史的过程中，竟然能够发现如此丰富的历史记录，不禁让人称奇。某种程度上，这一点也很容易解释。其他国家都曾爆发过举世瞩目的野蛮战争，造成人口减少，几乎毁灭了人类每一次进步，中国则有所不同，早期发生在中国的战争并非对外而是对内，它们反对的是当时的体制或是统治者，并非是反对公

① 王巍.中国考古学大辞典[M].上海:上海辞书出版社,2014:102.

元前3300年中华民族先皇伏羲立下的规矩。伏羲之前的叙述都被认为是传说而已，而朱子对历史的记录则被认为是真实可靠的。”①由此可见，汤姆斯既不同于18世纪耶稣会士一味地展示中国的美好形象，也有别于马礼逊等新教传教士刻意否定中华文明，而是采用西方实证主义的研究方法，选择译介《博古图》这部彰显宋代古器研究水平的著作，客观地介绍承载历史的古青铜器皿，从而为西方读者构筑起一个真实的、具有高度物质文明的古代中国形象。也正因为如此，汤姆斯对《博古图》的译介被视为海外汉学领域研究中国物质文化之肇端。②

为了通过古青铜器皿这一重要的器物文化载体，如实展示中国历朝历代的审美品位和风格，汤姆斯受译者语言自律性的制约，尽可能忠实于原文以求取语言意义之真。译者不仅如实摹绘勾勒出原作中的器物图形、铭文拓本，还对铭文内容进行了详细的翻译，在思想和行动上始终围绕原作语言负载的意义做文章。商代青铜器铭文，亦称“金文”或“钟鼎文”，直接由甲骨文发展而来，是一种非常进步的文字，如许慎《说文解字》序中所云：“郡国亦往往于山川得鼎彝，其铭即前代之古文，皆自相似。”可见，青铜器铭文不仅从书法艺术角度看具有审美价值，更是研究中国古文字发展演变的重要资料。同时，铭文铸刻于青铜器皿之上，多是地下发掘的材料，避免了古书在传抄刊录过程中可能会出现的错误，可以用来印证甚至补充文献资料的不足，对文献学、历史学研究也有重要的意义。以殷彝《父乙鼎铭》内容为例：“庚午，王命寝庙，辰易（锡）北田四品，十二月作册，友史锡赖贝用，作父乙尊〇册册。”铭文是对商王赐田的记录，如实反映了当时的土地所有制形态，虽然简朴无华，但却是展现中国先民社会生活的绝佳资料。为了客观再现殷商历史，汤姆斯一方面如实录入铭文图片，一方面将其译为：“During the 12th month of the year Kang-woo, his Majesty, in consequence of meritorious conduct, recorded the Yew-she officer of the fourth rank (who presided over the Northern Agricultural Department), and gave him this valuable Vase, to be used when worshipping his ancestors.”原文主要信息大都呈现在译文当中，“作父乙尊”虽未译出，但在下文译者对“父乙”进行了详尽的解释。此外，译者还添加了如下文字：“The characters by the side of

① THOMS P P. A dissertation on the ancient Chinese vases of the Shang dynasty[M]. London: Published by the Author, 1851:7.

② 施晔.荷兰汉学家高罗佩研究[M].上海:上海古籍出版社,2017:302.

the ancient inscription, are the modern forms; and, as one of the ancient characters is not understood, a circle is placed in its stead."详细说明了文字的形态,并对铭文中的圆圈做了解释,通过语言性求真行为,达到了译者在译本序言中所说的"追溯中国书面文字的演进过程"[①]的目的。

三、《博古图》翻译中的社会性务实

汤姆斯来华,最初是为协助英国传教士马礼逊印刷《华英字典》。来华后,他从事的主要工作也一直与印刷业务有关,由他负责刊印的书籍除了《华英字典》外,还包括《通用汉言之法》《中文会话及凡例》《中国大观》等共计12种。汤姆斯的印刷工作得到了充分的认可,《华英字典》第一卷封面不仅印有编者马礼逊的名字,还将汤姆斯作为印刷者单独列出。可见,汤姆斯之所以名垂青史,最主要的原因是他具有高超的印刷出版技术,特别是在制作铅合金中文活字、解决中英双语字模并置等方面取得的成就。然而,在澳门印刷所工作期间,汤姆斯对中国语言文化的兴趣日渐浓厚,逐步从一名专职从事印刷工作的技术人员转变为一位中国文学的忠实爱好者。他利用自身工作条件的便利,积极与中国人接触,刻苦学习中文,了解并掌握了大量的中国语言文化知识。1812年,汤姆斯将拟话本小说集《今古奇观》中的《宋金郎团圆破毡笠》译为英文,并于1820年出版发行,转译为法文后收入法国汉学家雷慕莎编译的《中国故事》一书。1824年,汤姆斯英译的中国说唱文学作品《花笺记》由澳门印刷所发行,该译本虽然后来对世界文坛巨擘歌德产生过深刻的影响,但出版伊始却备受诟病,《评论月刊》(《The Monthly Review》)、《东方先驱》(《The Oriental Herald》)及《评论季刊》(《The Quarterly Review》)等西方期刊均对其提出严厉批评,指出译本叙事不够生动,缺乏诗歌韵律,附录内容也与原作毫无关系,批评汤姆斯译本用词拙劣、歪曲原作内容、不讲韵律、情节荒诞,对译者进行了无情的讽刺,认为译者应该从事铸字、排印之类的机械性劳动,不应投机取巧去从事翻译工作。除了媒体的直接批评之外,英国汉学界的代表人物对汤姆斯译本采取了漠

① THOMS P P. A dissertation on the ancient Chinese vases of the Shang dynasty[M]. London: Published by the Author, 1851:8.

视的态度，汉学家德庇时在1834年出版的中国诗歌专论《汉学诗解》中对汤姆斯的观点及译作只字未提。以上种种表明，彼时西方学界对汤姆斯进入汉学领域持有否定甚至排斥的态度。译作本身质量或许是部分原因，但“汤姆斯的身份与汉学界的偏见在当时或许发挥了更大的作用”[①]。

为了改变这种状况，跻身于汉学研究人员之列，汤姆斯积极寻求身份的转变，这一点在汤姆斯《博古图》英译本的副文本中得到了体现。“副文本”是指“在正文本和读者之间起协调作用的、用于展示作品的一切言语和非言语材料”[②]，根据文本空间位置不同，可进一步划分为内、外两种类型。内副文本除了涵盖序、跋、注释等元素以外，还包括封面这一要素。研究翻译作品的封面，有助于挖掘译者的翻译动机、分析译者行为。观察汤姆斯《博古图》英译本可以发现，封面页不仅提供了书名、出版社名称及所在地、出版时间等信息，在译者姓名下方还附有一行文字“Author of《The Affectionate Pair》《Chinese Courtship》”，表明译者曾经翻译过《宋金郎团圆破毡笠》和《花笺记》两部文学作品。这一细节信息貌似与原文无关，但联系译者卑微的印刷工人出身，结合前期译作出版后遭受的猛烈抨击，不难理解这是汤姆斯的有意之举。作为意志体的译者，其行为不仅受制于语言属性，还受制于社会属性。汤姆斯在自己姓名下方刻意贴上“作者(实际上是译者)”的身份标签，借此宣传汉学成就、转换身份，反映出他为确保译作在更大范围内为读者接受所做的努力，本质上是译者在社会性自律作用下的务实行为。

汤姆斯在西方世界汉学知识的构建中起到了至关重要的作用。作为印刷工人，他用专业技术保证了大量中国典籍英译本的刊印；作为译者，他不仅翻译中国文学作品，还积极向西方传播中国古代金石著作。《博古图》的译介是汤姆斯力图在青铜器皿中挖掘中国历史的生动写照，他一方面求真，尽可能忠实反映中国古代文字演化之轨迹，展现中国古代器物文明之精华，另一方面务实，通过译作的副文本宣传自身汉学成就，抵制受众对其身份的成见，扩大译作影响。考察汤姆斯译介《博古图》的个案，有助于增进对19世纪英国汉学家翻译行为的多元化理解。

① 王燕.《花笺记》：第一部中国“史诗”的西行之旅[J].文学评论，2014(5)：209.

② GENETTE G. Paratexts: thresholds of interpretation[M]. Cambridge: Cambridge University Press, 1997:1.

第六章 结 论

在英国汉学发展史上,"东印度公司汉学"是一个绕不过去的话题。德庇时、马礼逊、小斯当东和汤姆斯四人受英国东印度公司派遣来华时担负着不同的使命,他们或为外交官,或为传教士,或为印刷工,但后期均成长为 19 世纪西方重要的汉学家,这与他们侨居中国的经历不无关系。这些汉学家受英国殖民政策的影响,长期居住在中国,与中国人频繁接触交流,对中国文化耳濡目染并产生了一定的兴趣,但他们并不满足于自身对中国文化的了解,而是通过译介中国典籍向西方传播中国文化。他们的翻译活动脱离了原住国的文化语境,而在侨居地的文化氛围中开展,译著的出版地点主要在中国,部分在国外。以上种种表明,英国东印度公司汉学家的典籍英译活动属于"侨居地翻译"的典型个案,在这一独特翻译现象背后,澳门印刷所扮演了重要的赞助人角色。该机构由英国东印度公司于 1814 年至 1834 年间在华开设,是中国境内第一家西式印刷出版机构,在出版史上的地位已为学界认可。综观 20 年间澳门印刷所的出版物可以发现,该所虽然设立于中国本土,却从未出版过任何一本纯中文印刷品,而是以西方读者为对象出版了一系列中国典籍英译作品,由此成为 19 世纪早期中学西传的一方重镇。

第一节　作为侨居地翻译推手的澳门印刷所

一、澳门印刷所成立的缘起

在中英早期交往中，语言障碍十分突出，马嘎尔尼使团访华失败凸显了语言不通的种种弊端。清政府将语言障碍作为闭关自守的门闩，阻止汉夷接触，钳制夷人言论，回绝夷人要求。受语言问题的困扰，英国对华通商只能依靠其他欧洲国家的来华传教士和中国通事提供翻译服务。为了提供汉语学习的工具，马礼逊于1808年初开始编纂《华英字典》，但完成时却因缺乏印刷经验及费用而无法出版，只能向英国东印度公司申请赞助。1812年，他致函东印度公司广州商馆，建议从英国派遣印刷技工来华印制字典。商馆负责人益花臣（John Elphinstone）向董事会转呈并极力推荐马礼逊的计划，认为“欧洲各国长久以来迫切需要一部广为流通的中文字典，英国东印度公司如能促其实现，将为公司带来赞助知识的美誉，不但增进英国对中国的了解，也可能促使中国对于英国及英国人刮目相看，从而有助于公司对华的贸易”①。益花臣将《华英字典》的印刷出版与国家形象、公司利益相结合，强调字典的政治与商业价值，获得了公司董事会的支持。1814年4月，公司派遣职业印刷工人汤姆斯携带纸张与印刷设备乘船来华并于9月2日抵达澳门，澳门印刷所由此成立。据统计，澳门印刷所出版的出版物共计19种，有图书、杂志、报纸、广告单页等多种形式。其中，中国典籍英译作品所占比例较大，题材多元，大多在翻译史上具有划时代意义。

① 谭树林. 英国东印度公司与澳门[M]. 广州：广东人民出版社，2010：169-170.

二、澳门印刷所对侨居地翻译的选题控制

随着第一次工业革命的推进，英国急于拓展海外市场，对中国知识和信息的需求极为迫切。在澳门印刷所成立之初，英国东印度公司董事会规定：除印刷《华英字典》外，该所“不准印刷任何传教书刊，但是如果有空当，则无妨印一些‘有用的’出版品，如语言、历史、风俗艺术、科学等，足以增进欧洲了解中国的图书”[①]。按照这一要求，澳门印刷所确定了三个选题方向，从内容上控制中国典籍英译作品的出版。

出版选题之一是字典、工具书译作。在对华通商过程中，英国人逐渐意识到要了解中国国情、拓展对华贸易必须首先排除语言障碍。为了帮助英国人学习中文、培养汉语人才，澳门印刷所将字典及工具书译作作为主要出版选题之一。1815 年，澳门印刷所出版了《华英字典》，由马礼逊以嘉庆十二年刊刻的《康熙字典》为蓝本翻译而成，按照所列的 214 个部首及其收字进行编排，每一汉字均标出罗马注音，注明四声，给出英语解释、词汇和句例，为英国人学习中国官话提供了典范。由于当时中英贸易的主要地点在东南沿海，英国商人频繁接触粤语、闽南语等方言，澳门印刷所还出版了方言字典英译本。马礼逊编译的《广东土话字汇》(《Vocabulary of the Canton Dialect: Chinese Words and Phrases》)开创了用罗马字翻译广东方言之先河。《闽英词汇》(《A Dictionary of the Hok-Keen Dialect of the Chinese Langauge》)由麦都思(Walter Medhurst)利用长期搜集的福建方言语料翻译而成，各词条按罗马字母排列，包含方言音节、声调和英语对应词等微观信息，并有例句及英译，是“西人编纂的第一部福建方言字典”[②]。此外，印刷所还出版了马礼逊编译的《汉语言法》(《A Grammar of the Chinese Langauge》)、《中文会话及凡例》(《Dialogues and Detached Sentences in the Chinese Language》)等工具书。借助上述出版物，英国人学习中文的难度大大降低，他们通过掌握中国语言文字逐渐了解中国历史文化和当时国情，从而拥有作为政治代表和文化代表的垄断性权力。

---

① 苏精. 马礼逊与中文印刷出版[M]. 台北：台湾学生书局，2000：89.

② 黄时鉴. 麦都思《汉语福建方言字典》述论[M]//黄时鉴. 黄时鉴文集：3 东海西海：东西文化交流史(大航海时代以来). 上海：中西书局，2011：64.

出版选题之二是通俗文学译作。除了字典、工具书类编译作品，澳门印刷所还出版了一批通俗文学译作，选材与市民阶层的日常生活、婚姻爱恋及家庭伦理密切相关，是中国社会状况的真实写照。出版此类通俗文学译作为英国人提供了获取中国国内情况的有效渠道。明末清初文学家李渔的话本小说集《十二楼》是古代通俗文学的代表作，德庇时选译了其中的《三与楼》，1815 年由澳门印刷所出版发行。该小说借主人公虞素臣、唐玉川的交往故事阐明了中国市民阶层的人情物理，为英语读者展现了一幅中国社会风情的生动画卷。1823 年，澳门印刷所出版了德庇时的另一译作《贤文书》。该书以中英文对照形式收录道德箴言 201 条，其中的民间俗语取自《明心宝鉴》《好逑传》《平妖传》等通俗文学读物，内容涉及修身养性、接人待物、家庭人伦、读书交友等诸多方面，实为了解中国人行为及思维方式的有效媒介。1824 年，汤姆斯的译著《中国求爱诗》(《Chinese Courtship：In Verse》)出版，首次将广东民间文学唱本《花笺记》译为英文，作品中"为情投江""誓表真情"等细节为西方人提供了"了解中国语言、社会、文化、经济的综合性读本"[①]。1834 年出版的《汉文诗解》是英国汉学史上"第一部全面系统地译介中国古典诗歌的专著"[②]，所收英译诗歌、韵文 100 则并非全系诗坛巨擘创作的律诗、绝句，而是包括了大量来自《增广贤文》《三字经》等民间读物的通俗诗文。由此看来，澳门印刷所侧重出版中国通俗文学英译作品，借此提供发掘中国信息的资源，并未偏离英国东印度公司确定的出版主题，同样具有直接的功利性目的。

出版选题之三是官府文献译作。1815 年出版的马礼逊译作《中文作品英译》是澳门印刷所唯一一部中国官府文献英译本。该书第三章至第十章内容译自 1813 年 10 月 29 日至 1814 年 3 月 6 日《京报》登载的消息，包括地方官和儒生奏章两份以及嘉庆帝圣谕 7 则，为全英文译作。在译本中，马礼逊站在西方立场，以按语和引言的形式添加了大量评论性翻译副文本，多是对中国政治思想和政府运作的指摘。由于《京报》的主要内容是皇帝谕旨和朝廷动态，具有权威性与真实性，翻译出版这些官府文献，反映出在华英国人对中国时政状况与官府运作机制的关注。澳门印刷所出版《京报》英译本的主要目的在于传递中国情报，"介绍清朝政府政治伦理、执政理念、当下的对外态度、已经采取和可能

---

① 王燕.《花笺记》：第一部中国"史诗"的西行之旅[J]. 文学评论，2014(5)：211.

② 王燕，房燕.《汉文诗解》与中国古典诗歌的早期海外传播[J]. 文艺理论研究，2012(3)：45.

将要采取的措施以及在这种政府统治下所发生的各种现象"[①]，其动机仍是借此传递中国国情和相关信息，从而为制定符合本国利益的对华政策提供参考依据。

澳门印刷所出版中国典籍英译作品的初衷在于增进英国人对华的了解，并以此作为衡量出版物价值的标准来确定选题。其出版目的明确，符合英国东印度公司及其背后英国政府的要求，出版物具有很强的实用价值，满足了当时西方读者对中国知识的渴求，取得了预期的社会效益。

三、澳门印刷所对侨居地翻译出版的技术支持

19世纪早期，中国典籍英译活动介于两次西学翻译高潮之间，前承明末清初的西方科技翻译，后启鸦片战争至五四运动期间的西方政治思想和文学作品翻译。这种中国历史上少见的翻译"出超"现象之所以产生，与在华外国译者的积极参与固然有关，但也离不开澳门印刷所提供的技术支持。

首先是中文铅活字技术。澳门印刷所职业印刷工汤姆斯来华时，虽然携带印刷机器、英文活字和其他印刷设备，但并未准备中文活字，中英文双语辞书《华英字典》的印刷出版仍有困难。若采取中文雕版、英文活字并用的印刷方法，每页需要印刷两次，套版如不准确就需要淘汰重印，从而造成纸张、油墨与工时的浪费。另外，雕版与金属活字的着墨效果会不一致，影响版面美观，雕版无法反复使用也会增加字典印刷成本。当时中国虽然已出现木制、铜制中文活字，但多为手工制成，尺寸不精细，无法实现大规模机械化印刷。为解决这一问题，澳门印刷所决定用字模铸造精确度高的中文合金活字，采用金属活字印刷以满足机械化批量印刷的需要。1814年，汤姆斯开始以铅合金为原料用铜模铸造活字刻坯，再雇佣中国和葡萄牙刻工在刻坯上雕刻汉字。为了使中文活字的高度、大小与英文活字相匹配以便印刷，汤姆斯还对中英文活字的比例、空铅厚薄等技术标准进行设计与试验。截至1822年，汤姆斯主持铸刻了世界上第一批中文铅合金活字12.1万个，共有仿宋、楷体和草书三种字体，分为初号、近

① 邓联健. 委曲求传：早期来华新教传教士汉英翻译史论(1807—1850)[M]. 北京：清华大学出版社，2015：159-160.

似初号、二号、三号及四号几种大小[①]。这批中文铅活字光洁耐印，着墨性能良好，可反复使用，降低了印刷成本。澳门印刷所利用铅活字技术，在1815年至1823年间共印制出版《华英字典》750部，在伦敦、巴黎、马六甲、孟加拉等地畅销不衰。借助这批活字，大量中国典籍英译作品得以印刷出版，为西方人了解中国提供了大量资料。

其次是排版技术。澳门印刷所不仅组织铸造了大量中文铅活字，还利用已有的空铅、铅条等材料以及必要的排版与储版工具，试验并解决了一系列排版技术问题，如"字距和行距的设计，表格与文字的处理，表格中数码和文字的配置，横直线、脚注线的运用等"[②]，在中英文合排拼版方面起了开创的作用，为这一时期中国典籍英译作品的出版提供了有力的技术保障。马礼逊的《华英字典》实现了中英文的平排与夹排，自左至右的中文横排方式是当时版式处理方面的创举，该字典由此成为国内现存最早的文字横排书[③]。《汉文诗解》则有所不同，为如实呈现中国诗歌的行文方式与原貌，该书引诗时先印汉语原文，编排体例为自右向左，竖行排列，再用拉丁字母注音，最后附有横排英语译文。在汤姆斯《花笺记》译本中，汉语唱词竖排印在页面上方，英语译文印在页面下方并与中文逐行对应，为读者对照阅读提供了便利。《贤文书》的排版方式更为独特，中文格言以竖排方式印在页面中间，顶上是整句英文翻译，左边为各个汉字的罗马注音，右边用英文逐字译出相对应的汉字。据译者德庇时在序言中说，手稿1818年完成后被送往伦敦的豪斯图书馆印刷，但因汉字较多且版式复杂未果，不得不运回中国，最终由澳门印刷所采用相对完善的印刷拼版技术出版该作品。

作为中国出版史上第一家现代意义上的出版社，澳门印刷所不仅最早采用中英文铅活字排印书稿，而且还具有编辑、设计与校对能力，能够进行机械化印刷和装订[④]，在出版文化上体现出独创性。这些都从技术层面保证了中国典籍英译作品的顺利出版，适应了中西语言沟通和文化交流的需要。

澳门印刷所对中国典籍英译作品的出版具有开拓之功，相关出版物所塑造

---

① 汪家熔. 商务印书馆史及其他[M]. 北京：中国书籍出版社，1998：435.

② 叶再生. 马礼逊与《中国语文字典》[J]. 新闻出版交流，2003(3)：52.

③ 张志强. 中西文化交流与中国文字编排方式的变迁[G]//香港城市大学中国文化中心，出版博物馆. 出版文化的新世界：香港与上海. 上海：上海人民出版社，2010：54.

④ 叶再生. 中国近代现代出版通史：第一卷[M]. 北京：华文出版社，2002：90.

的"中国形象"增进了西方国家对于中国的了解与认知。澳门印刷所依附于英国东印度公司,其出版活动的主观目的在于提供大量有关中国的信息与知识,为英国的殖民扩张服务。然而不可否认,澳门印刷所借助先进印刷技术出版中国语言文字、通俗文学以及官府文献英译作品,客观上已成为 19 世纪早期中学西传的重要推手。

第二节　英国东印度公司汉学家侨居地翻译特征

侨居地翻译是中华典籍外译史上一个重要的翻译现象,它与侨居地汉学的发展有着紧密的关系。一般而言,"某一时期某个国家汉学研究的重大事件和研究'重心'应该在其'本土'"[①],但自 19 世纪至 20 世纪中期,由于殖民扩张等原因,英国的汉学研究既存在于本土,也发生在中国或第三方,后者的研究人员远离本土,多在中国及周边地区从事商业、传教、外交、科学考察等活动,他们暂时或长期侨居在中国或者远东,拥有诸多便利条件,从事的研究无论是在材料、内容上还是在方法上都与其本土汉学有所不同,故被称为"侨居地汉学",这种汉学形态在中国的沿海口岸和开埠城市表现得尤为明显。伴随着侨居地汉学的发展,反映中国文化的经典作品也由熟悉中国语言文化的汉学家译介到英语世界。

英国东印度公司汉学家的典籍英译活动发生于侨居地翻译的高潮时期,主要特征如下:

首先,从翻译环境看,德庇时、马礼逊、小斯当东和汤姆斯四位汉学家是在英国殖民扩张的大背景下从事翻译行为的,虽然他们的典籍英译活动客观上传播了中国文化,但他们是受东印度公司派遣并以外交官、商人等身份来华的,这批汉学家本质上是英国殖民的先遣队,这也决定了他们翻译活动的主要目的是为英国谋取商业和政治利益。正是出于实用主义的目的,英国东印度公司汉学家选择译介的典籍大都能够反映中国实情,内容与中国风俗习惯、宗教信仰、历

① 王国强.《中国评论》(1872—1901)与西方汉学[M].上海:上海世纪出版集团,2010:122.

史地理息息相关，有助于殖民者了解认识中国从而加速殖民扩张。

其次，从翻译策略看，这批汉学家基本上忠实于原著，他们的译者行为以求真为主、兼顾务实。一方面受译者语言性制约，同时为了达到介绍中国实情的翻译目的，他们尽可能如实反映原作内容；另一方面受译者社会性的影响，同时为了在译入语语境中构筑符合需要的中国形象，符合译入语读者的阅读心理和文化准则，译者也会采取务实态度，运用归化、注释等策略处理源语文本。当然，受译者主体性因素的影响，这批汉学家翻译行为中的求真度和务实度必然体现出一定差异。

最后，从翻译效果看，英国东印度公司汉学家的典籍英译活动对西方汉学知识的构建起到了重要的作用，众多译作展现出多面的中国形象，成为西方想象中国的重要文本依据。部分译本采取中西合璧的印刷方式，其中的中文部分极具文献保存价值，对一些译本的发掘能够为中国典籍的海外传播旅程确定新起点，也能够为相关领域的研究补充新的材料，从而开辟新的文学场。英国东印度公司汉学家从事的中国典籍英译活动是海上丝绸之路文化交流的经典案例，深入挖掘相关材料、形成丰富的研究成果能为我国大力推进一带一路多边政治互信、经济融合、文化包容的合作机制提供启发。

参考文献

[1] ANDRE J S. "But do they have a notion of justice?" Staunton's 1810 translation of the great Qing code[J]. The Translator, 2004(1):1-31.

[2] ANDRE J S. Retranslation as argument: canon formation, professionalization, and international rivalry in 19th century sinological translation [J]. Cadernos de Tradução, 2003(1):59-93.

[3] ANDRE J S. The development of British sinology and changes in translation practice[J]. Translation and Interpreting Studies, 2007(2):3-42.

[4] BOURDIEU P. Outline of a theory of practice[M]. Cambridge: Cambridge University Press. 1977.

[5] BOURDIEU P. The forms of capital[M]//RICHARDSON J G. Handbook of theory and research for the sociology of education. New York: Greenwood Press, 1986:241-258.

[6] DAVIS J F. Chinese miscellanies: a collection of essays and notes[M]. London: John Murray, 1865.

[7] DAVIS J F. Chinese novels translated from the originals[M]. London: John Murray, 1822.

[8] DAVIS J F. Han koong tsew, or, the sorrows of han, a Chinese tragedy [M]. London: The Oriental Translation Fund, 1829.

[9] DAVIS J F. Laou-seng-urh, or, an heir in his old age, a Chinese drama [M], London: John Murray, 1818.

[10] DAVIS J F. Poeseos sinicae commentarii [M]. London: Asher and Co., 1870.

[11] DAVIS J F. The fortunate union, a romance, translated from the Chinese original, with notes and illustrations[M]. London: Printed for the Oriental Translation Fund, 1829.

[12] EVEN-ZOHAR I. The position of translated literature within the literary polysystem [J]. Poetics Today, 1990(1):45-51.

[13] GENETTE G. Paratexts: thresholds of interpretation[M]. Cambridge: Cambridge University Press, 1997.

[14] LEFEVERE A. Translation practice(s) and the circulation of cultural capital[M]//BASSNETT S, LEFEVERE A. Constructing culture: essays on literary translation. Clevedon: Multilingual Matters, 1998: 41-56.

[15] LEFEVERE A. Translation, rewriting and the manipulation of literary fame[M]. London & New York: Routledge, 1992.

[16] MAZLISH B. Civilization and its contents [M]. Stanford: Stanford University Press, 2004.

[17] MORRISON R. A view of China for philological purpose containing a sketch of Chinese chronology, geography, government, religion and custom[M]. Macao: East India Company, 1817.

[18] MORRISON R. Chinese miscellany; consisting of original extracts from Chinese authors, in the native character. London: London Missionary Society, 1825.

[19] MORRISON R. Horae sinicae: translations from the popular literature of the Chinese[M]. London: Printed for Black and Parry, 1812.

[20] MORRISON R. Translations from the original Chinese[M]. Canton: East India Company's Press, 1815.

[21] STAUNTON G T. Narrative of the Chinese embassy to the Khan of the Tourgouth Tartars, in the years 1712, 13, 14, & 15[M]. London: John Murray, 1821.

[22] STAUNTON G T. Ta tsing leu lee[M]. London: T. Cadell & W. Davies, 1810.

[23] THOMS P P. A dissertation on the ancient Chinese vases of the Shang Dynasty[M]. London: Published by the Author, 1851.

[24] THOMS P P. Chinese courtship in verse[M]. London: Parbury, Allen and Kingsbury, 1824.

[25] THOMS P P. The affectionate pair or the history of Sung-Kin: a Chinese tale[M]. London: Printed for Black, Kingsbury, Parbury, and Allen, 1820.

[26] THOMS P P. The death of the celebrated minister Tung-Cho[J]. The Asiatic Journal and Monthly Register, 1820(10):526-532.

[27] TOURY G. Descriptive translation studies and beyond[M]. Amsterdam: John Benjamins Publishing Company, 1996.

[28] VENUTI L. The translator's invisibility[M]. Routledge: London & New York, 1995.

[29] 艾莉莎·马礼逊. 马礼逊回忆录:第一卷[M]. 北京外国语大学中国海外汉学研究中心翻译组,译. 郑州:大象出版社,2008.

[30] 卞湘川,陈申如. 马礼逊与中西文化交流[J]. 史林,1988(2):65-71.

[31] 布尔迪厄. 文化资本与社会炼金术:布尔迪厄访谈录[M]. 包亚明,译. 上海:上海人民出版社,1997.

[32] 陈德鸿,张南峰. 西方翻译理论精选[M]. 香港:香港城市大学出版社,2000.

[33] 陈国明,安然. 跨文化传播学关键术语解读[M]. 北京:中国社会科学出版社,2010.

[34] 陈吉荣. 论人类学视域下的典籍翻译策略研究[J]. 西华大学学报(哲学社会科学版),2010(4):73-76.

[35] 陈汝衡. 陈汝衡曲艺文选[M]. 北京:中国曲艺出版社,1985.

[36] 陈树千. 马礼逊“越洋书箱”与十九世纪英国汉学[N]. 光明日报,2016-08-24(14).

[37] 陈友冰. 英国汉学的阶段性特征及成因探析:以中国古典文学研究为中心[J]. 汉学研究通讯,2008(3):33-47.

[38] 邓联健. 委曲求传:早期来华新教传教士汉英翻译史论(1807—1850)[M]. 北京:清华大学出版社,2015.

[39] 杜家骥. 杜家骥讲清代制度[M]. 天津:天津古籍出版社,2014.

[40] 方豪. 方豪六十自定稿:下[M]. 台北:台湾学生书局,1969.

[41] 房燕. 英国汉学家德庇时与中国古典文学的早期海外传播[D]. 北京:中国人民大学,2012.

[42] 傅敬民.《圣经》汉译的文化资本解读[M]. 上海:复旦大学出版社,2009.

[43] 戈公振. 中国报学史[M]. 北京:中国新闻出版社,1985.

[44] 葛桂录. 他者的眼光:中英文学关系论稿[M]. 银川:宁夏人民教育出版社,2003.

[45] 宫留记. 布迪厄的社会实践理论[M]. 开封:河南大学出版社,2009.

[46] 宫留记. 资本:社会实践工具　布尔迪厄的资本理论[M]. 开封:河南大学出版社,2010.

[47] 辜鸿铭. 东方智慧:辜鸿铭随笔[M]. 北京:北京大学出版社,2010.

[48] 顾卫星. 马礼逊与中西文化交流[J]. 外国文学研究,2002(4):116-120.

[49] 顾长声. 传教士与近代中国[M]. 上海:上海人民出版社,2013.

[50] 关诗珮. 英法《南京条约》译战与英国汉学的成立:“英国汉学之父”斯当东的贡献[M]//王宏志. 翻译史研究:2013. 上海:复旦大学出版社,2013:128-164.

[51] 何寅,许光华. 国外汉学史[M]. 上海:上海外语教育出版社,2002.

[52] 侯毅. 欧洲人第一次完整翻译中国法律典籍的尝试:斯当东与《大清律例》的翻译[J]. 历史档案,2009(4):97-104.

[53] 胡优静. 英国 19 世纪的汉学史研究[M]. 北京:学苑出版社,2009.

[54] 胡志挥. 谁来向国外译介中国作品:为我国对外英语编译水平一辩[N]. 中华读书报,2003-01-29(23).

[55] 黄时鉴. 麦都思《汉语福建方言字典》述论[M]//黄时鉴. 黄时鉴文集:3

东海西海：东西文化交流史(大航海时代以来). 上海：中西书局，2011：62-76.

[56] 黄忠廉. 变译理论[M]. 北京：中国对外翻译出版公司，2001.

[57] 季压西. 来华外国人与近代不平等条约[M]. 北京：学苑出版社，2007.

[58] 江岚. 唐诗西传史论：以唐诗在英美的传播为中心[M]. 北京：学苑出版社，2009.

[59] 梁启昌. 论木鱼书《花笺记》的英译[G]//李华元. 逸步追风：西方学者论中国文学. 北京：学苑出版社，2008：256-281.

[60] 李天刚. 论马礼逊的"中国文化观"[C]//李灵，尤西林，谢文郁. 中西文化交流：回顾与展望　纪念马礼逊来华两百周年学术研讨会论文集. 上海：上海人民出版社，2009：63-73.

[61] 李扬帆. 涌动的天下：中国世界观变迁史论(1500—1911)[M]. 北京：知识产权出版社，2012.

[62] 李渔. 十二楼[M]. 上海：上海古籍出版社，1986.

[63] 李真. 英国早期汉学的"三大星座"：小记英国著名汉学家理雅各、德庇时和翟理斯[G]//北京外国语大学中国语言文学学院. 人文丛刊：第四辑. 北京：学苑出版社，2009：346-353.

[64] 李正良. 传播学原理[M]. 北京：中国传媒大学出版社，2006.

[65] 梁培炽. 花笺记会校会评本[M]. 广州：暨南大学出版社，1998.

[66] 廖七一. 当代西方翻译理论探索[M]. 南京：译林出版社，2000.

[67] 林玉凤. 中国近代报业的起点：澳门新闻出版史(1557—1840)[M]. 北京：社会科学文献出版社，2015.

[68] 刘军平. 西方翻译理论通史[M]. 武汉：武汉大学出版社，2009.

[69] 刘俐俐. 传统文化的智慧与我国白话小说的叙事艺术：以李渔《合影楼》为例[J]. 南开学报(哲学社会科学版)，2010(5)：73-79.

[70] 刘也. 成语科学荟萃[M]. 北京：解放军出版社，1988.

[71] 罗伯茨. 十九世纪西方人眼中的中国[M]. 蒋重跃，刘林海，译. 北京：时事出版社，1999.

[72] 马森. 西方的中国及中国人的观念：1840—1876[M]. 杨德山，译. 北京：中华书局，2006.

[73] 马祖毅，任荣珍. 汉籍外译史[M]. 武汉：湖北教育出版社，1997.

[74] 芒迪. 翻译学导论:理论与应用[M]. 李德凤,等译. 北京:外语教学与研究出版社,2014.

[75] 名教中人. 好逑传[M]. 合肥:安徽文艺出版社,2005.

[76] 潘清芳. 中国哲学思想探研[M]. 高雄:复文图书出版社,1989.

[77] 乔伟. 唐律研究[M]. 济南:山东人民出版社,1985.

[78] 屈文生. 早期中文法律词语的英译研究:以马礼逊《五车韵府》为考察对象[J]. 历史研究,2010(5):79-97.

[79] 邵培仁. 传播学[M]. 北京:高等教育出版社,2000.

[80] 沈安德. 以重译立论:19 世纪汉学翻译中的经典形成、专业化和国际竞争[G]//王宏志. 翻译史研究:2014. 上海:复旦大学出版社,2015:324-338.

[81] 施晔. 荷兰汉学家高罗佩研究[M]. 上海:上海古籍出版社,2017.

[82] 史媛媛. 清代前中期新闻传播史[M]. 福州:福建人民出版社,2008.

[83] 司佳. 近代中英语言接触与文化交涉[M]. 上海:上海三联书店,2016.

[84] 斯当东. 小斯当东回忆录[M]. 屈文生,译. 上海:上海人民出版社,2015.

[85] 斯当东. 英使谒见乾隆纪实[M]. 叶笃义,译. 北京:群言出版社,2014.

[86] 苏精. 马礼逊与中文印刷出版[M]. 台北:台湾学生书局,2000.

[87] 苏精. 中国,开门! 马礼逊及相关人物研究[M]. 香港:基督教中国宗教文化研究社,2005.

[88] 孙致礼. 新编英汉翻译教程[M]. 上海:上海外语教育出版社,2011.

[89] 谭树林.《华英字典》与中西文化交流[J]. 中华文化论坛,2003(1):141-144.

[90] 谭树林. 英国东印度公司与澳门[M]. 广州:广东人民出版社,2010.

[91] 汤森. 马礼逊:在华传教士的先驱[M]. 郑州:大象出版社,2002.

[92] 唐芳. 翻译社会研究新发展:Sela-Sheffy 的惯习观探索[J]. 外语研究,2012(5):82-91.

[93] 唐芳. 惯习中心维度探析:论西米奥尼的惯习观[J]. 山东外语教学,2011(4):97-102.

[94] 唐述宗,刘少. 文学翻译中文化意象传递的常用方法[J]. 西华大学学报(哲学社会科学版),2007(1):97-99.

[95] 汪家熔. 商务印书馆史及其他[M]. 北京:中国书籍出版社,1998.

[96] 汪诗佩.文本诠释与文化翻译:元杂剧《老生儿》及其域外传播[J].民俗曲艺,2015(9):9-62.

[97] 王东风.翻译文学的文化地位与译者的文化态度[J].中国翻译,2004(4):2-8.

[98] 王黼.宣和博古图[M].诸莉君,校.上海:上海书店,2017.

[99] 王国强.《中国评论》(1872—1901)与西方汉学[M].上海:上海世纪出版集团,2010.

[100] 王宏印.中华民族典籍翻译研究概论:朝向人类学翻译诗学的努力(上卷)[M].大连:大连海事大学出版社,2016.

[101] 王宏志.斯当东与广州体制中英贸易的翻译:兼论1814年东印度公司与广州官员一次涉及翻译问题的会议[J].翻译学研究集刊,2014(17):235-236.

[102] 王宏治,郭成伟.中华文化通志:法学志[M].上海:上海人民出版社,2010.

[103] 王辉,叶拉美."直译"的政治:马礼逊《大学》译本析论[J].广东外语外贸大学学报,2008(3):59-62.

[104] 王丽娜.英国汉学家德庇时之中国古典文学译著与北图藏本[J].文献,1989(1):266-275.

[105] 王巍.中国考古学大辞典[M].上海:上海辞书出版社,2014.

[106] 王晓元.翻译话语与意识形态:中国1895—1911年文学翻译研究[M].上海:上海外语教育出版社,2010.

[107] 王岫庐.译者文化态度的多歧性及其对翻译过程的影响[J].中国翻译,2014(4):21-25.

[108] 王燕,房燕.《汉文诗解》与中国古典诗歌的早期海外传播[J].文艺理论研究,2012(3):45-52.

[109] 王燕.《花笺记》:第一部中国"史诗"的西行之旅[J].文学评论,2014(5):205-213.

[110] 王燕.马礼逊与《三国演义》的早期海外传播[J].中国文化研究,2011(4):206-212.

[111] 王燕.汤姆斯与《三国演义》的首次英译[J].文学遗产,2017(3):186-190.

[112] 王悦晨.从社会学角度看翻译现象:布迪厄社会学理论关键词解读[J].中国翻译,2011(1):5-13.

[113] 王增斌.明清世态人情小说史稿[M].北京:中国文联出版公司,1998.

[114] 魏望东.Habitus 与翻译选择[J].翻译论坛,2016(1):83-89.

[115] 吴军赞.对英汉习语翻译的异化归化处理的研究[J].西华大学学报(哲学社会科学版),2006(2):89-92.

[116] 吴义雄.在宗教与世俗之间:基督教新教传教士在华南沿海的早期活动研究[M].广州:广东教育出版社,2000.

[117] 萧致治,杨卫东.西风拂夕阳:鸦片战争前中西关系[M].武汉:湖北人民出版社,2005.

[118] 谢天振.谁来向世界译介中国文学和中国文化?[J].文景,2005(5):20-23.

[119] 谢天振.隐身与现身:从传统译论到现代译论[M].北京:北京大学出版社,2014.

[120] 谢天振.中国文化如何才能真正有效地"走出去"?[J].东方翻译,2011(5):4-7.

[121] 邢杰.译者"思维习惯":描述翻译学研究新视角[J].中国翻译,2007(5):10-15.

[122] 熊文华.英国的汉学研究[G]//阎纯德.汉学研究:第五集.北京:中华书局,2000:1-37.

[123] 熊文华.英国汉学史[M].北京:学苑出版社,2007.

[124] 许地山.达衷集:鸦片战争前中英交涉史料[M].北京:商务印书馆,1931.

[125] 许钧.翻译概论[M].北京:外语教学与研究出版社,2009.

[126] 薛晓源,曹荣湘.全球化与文化资本[M].北京:社会科学文献出版社,2005.

[127] 杨慧玲.19 世纪汉英词典传统:马礼逊、卫三畏、翟理斯汉英词典的谱系研究[M].北京:商务印书馆,2012.

[128] 杨柳.文化资本与翻译的话语权力[J].中国翻译.2003(2):8-10.

[129] 杨武能.歌德:"魏玛的孔夫子"[J].社会科学战线,1983(3):290-298.

[130] 叶向阳.英国 17、18 世纪旅华游记研究[M].北京:外语教学与研究出

版社,2013.

[131] 叶再生.马礼逊与《中国语文字典》[J].新闻出版交流,2003(3):50-53.

[132] 叶再生.中国近代现代出版通史:第一卷[M].北京:华文出版社,2002.

[133] 易永谊.野蛮的修辞:作为译者的汉学家汤姆斯[J].中国比较文学,2016(2):99-115.

[134] 永瑢,纪昀.四库全书总目提要[M].海口:海南出版社,1999.

[135] 游博清.认识中国:小斯当东与图理琛《异域录》的翻译[G]//王宏志.翻译史研究:2013.上海:复旦大学出版社,2013:38-58.

[136] 游博清.英人小斯当东与鸦片战争前的中英关系[G]//复旦大学历史地理研究中心.跨越空间的文化:16—19世纪中西文化的相遇与调适.上海:东方出版中心,2010:275-295.

[137] 张进德,王利锁.中国古代文学史:下[M].开封:河南大学出版社,2012.

[138] 张南峰.中西译学批评[M].北京:清华大学出版社,2006.

[139] 张西平.马礼逊第一本《大学》英译翻译初探[G]//滕文生.国际儒学研究通讯(创刊号).北京:生活·读书·新知三联书店,2015:85-94.

[140] 张志强.中西文化交流与中国文字编排方式的变迁[G]//香港城市大学中国文化中心,出版博物馆.出版文化的新世界:香港与上海.上海:上海人民出版社,2010:51-61.

[141] 赵长江.《红楼梦》诗词英译之发轫:德庇时英译《西江月》历时研究[J].红楼梦学刊,2012(3):323-339.

[142] 赵长江.法律文本翻译的双重性:文化交流与信息泄漏　以1810年《大清律例》英译为例[J].民族翻译,2012(3):21-28.

[143] 赵长江.十九世纪中国文化典籍英译史[M].上海:上海外语教育出版社,2017.

[144] 郑锦怀.彼得·佩林·汤姆斯:由印刷工而汉学家　以《中国求爱诗》为中心的考察[J].国际汉学,2015(4):133-141.

[145] 郑毅.茶事闲谈[M].北京:群言出版社,2005.

[146] 周领顺.译者行为批评:理论框架[M].北京:商务印书馆,2014.

[147] 周宁.永远的乌托邦:西方的中国形象[M].武汉:湖北教育出版社,2000.

[148] 周祚绍. 图理琛和《异域录》[J]. 东岳论丛. 1994(5):106-109.

[149] 朱伟珏. 布迪厄"文化资本论"研究[M]. 北京:经济日报出版社,2007.

[150] 朱熹. 四书章句集注[M]. 北京:中华书局,1983.

[151] 庄国土. 从丝绸之路到茶叶之路[G]//龚缨晏. 20世纪中国"海上丝绸之路"研究集萃. 杭州:浙江大学出版社,2011:496-507.

[152] 庄吉发. 满汉异域录校注[M]. 台北:文史哲出版社,1983.

后　　记

2013年，我申报的科研项目“德庇时中国古典小说英译研究”由安徽省教育厅立项，在后期文献检索过程中，我发现历史上与德庇时同属一个时代的英国汉学家还有马礼逊、小斯当东、汤姆斯等。他们几位都曾供职于英国东印度公司，都曾受该公司指派来华工作并侨居多年，都曾对中国语言文化产生浓厚兴趣并有所研究，都曾翻译过中国文化典籍并传播到英语世界……如此之多的共同点促使我对英国东印度公司汉学家这一特殊群体，特别是他们在侨居地翻译中国典籍的活动展开了一些思考，而本书就是近年来思考的结果。

在本书写作过程中，自始至终萦绕在我脑海中的问题有很多：西方殖民运动、基督教全球扩张是否为英国东印度公司汉学家的典籍英译活动提供了契机？中国闭关锁国政策与他们在侨居地的翻译有着怎样的关系？印刷出版行业的发展、英国东印度公司的赞助与英语世界读者的阅读需求为他们在侨居地的翻译提供了哪些有利条件？汉学家个人在侨居地从事典籍英译活动的具体原因又有哪些?在侨居地翻译中,译者作为两种文化的集合体,他们的翻译行为体现了怎样的思想演变轨迹?作为“殖民者”的英国汉学家,他们在侨居地翻译过程中是如何构建中国形象的?借助他们的翻译作品,西方读者是如何在中国文明的比照下透视自身文明的?这些正是我在书中尝试回答的问题,但限于自身水平,书中仍有不足之处,诚挚期待学界同行批评指正。

在这里,我特别感谢我尊敬的导师张德让教授。十几年来,张老师在学术上引我入门,激励我不断探索,在工作、生活等方面更是给予我许多无私的帮助,让我受益匪浅。感谢安庆师范大学外国语学院的领导和同事对我的培养和支持,感谢始终关心、鼓励我的家人。本书的部分内容曾以论文形式发表在学术刊物上,融入本书时有所改动,向发表拙作的学刊表示感谢,向协助我整理资料的操萍、伍健等同事致以谢意。

本书系2018年安徽省高校优秀青年人才支持计划项目(gxyq2018031)研究成果。

钱灵杰

2020年1月于安庆